« IL FAUT DIRE QUE LES TEMPS ONT CHANGÉ... »

Daniel Cohen

« IL FAUT DIRE QUE LES TEMPS ONT CHANGÉ… »

Chronique (fiévreuse) d'une mutation qui inquiète

Albin Michel

À la mémoire de Philippe

« Il faut dire que les temps ont changé.
De nos jours, c'est chacun pour soi. »

Diane Tell, *Si j'étais un homme*

« Le temps ne passe pas, il tourne en rond. »

Gabriel García Márquez,
Cent ans de solitude

Introduction

« Times, they are a-changin' », chantait Bob Dylan en 1964. « Les temps changent… » Ils l'ont fait, mais pas dans la direction prévue. D'étranges glissements se sont produits qui nous ont fait passer d'un monde à un autre, totalement étranger à celui qui l'avait enfanté. L'espérance d'un avenir radieux a laissé place à la nostalgie d'un passé magnifié. Le populisme a remplacé le gauchisme comme porte-voix de la contestation. L'immense difficulté de la jeunesse à envisager l'avenir, son enfermement dans une espèce de présent perpétuel sont les symptômes des traumatismes accumulés au cours du dernier demi-siècle.

La longue errance des sociétés avancées a été l'expression d'un mal de vivre indéfinissable. Comme un orphelin qui aurait hérité d'une fortune considérable et la disperserait dans l'espoir vain de retrouver ses parents, la société postindustrielle a cherché de toutes ses forces à renouer avec les promesses de progrès de l'ancien monde. Ce n'est que tout récemment que l'on a compris que cette quête avait débouché sur une création bizarre, imprévue. Comme sous l'effet d'une mutation génétique, une espèce nouvelle, connectée, tout en extériorité, plus proche des chasseurs-cueilleurs que des agriculteurs, a émergé : l'*homo digitalis*, dont la vie algorithmique décidera du devenir de la civilisation. Comprendre les colères et les frustrations qui l'ont fait naître, saisir l'insouciance et la joie de vivre qui s'y sont mêlées : telles sont les tâches à mener pour veiller, avant qu'elles ne soient une nouvelle fois trahies, à la pérennité des valeurs humanistes qui font aussi partie de son patrimoine.

Il y a cinquante ans, quand cette histoire a commencé, Mai 68 enflammait l'imaginaire de son époque d'une manière qui avait fait penser à la Révolution française abolissant l'Ancien Régime. Il ne s'agissait pour les jeunes qui défilaient au Quartier latin et ailleurs de rien de moins que de mettre à bas la société bourgeoise. Lorsque l'histoire se répète, disait toutefois Marx, c'est souvent sous la forme d'une farce. Mai 68 fut une fête joyeuse où aucune tête ne fut coupée. La question n'était plus de réclamer du pain mais de « jouir sans entraves » d'une richesse pléthorique. À San Francisco, Paris ou Berlin, une nouvelle génération a pensé qu'elle pouvait créer un monde nouveau, débarrassé de la monotonie du travail à la chaîne et des questions matérielles, fait d'amour, de drogues et de rock'n'roll...

Las, dès le milieu des années soixante-dix, la croissance économique s'interrompait. Une longue période de stagnation commençait, brisant les aspirations des *sixties*. À la stupéfaction des jeunes gauchistes partis s'établir en usine pour préparer la révolution prolétarienne, l'industrie entamait un déclin irréversible, scandé par la crise du textile, de la métallurgie, des chantiers navals.... L'enthousiasme d'une génération qui avait cru possible de s'arracher à la malédiction biblique du travail était en train d'être brisé. Ce sera le premier traumatisme du demi-siècle passé.

La crise économique offrit vite aux adversaires des sixties l'occasion d'une revanche. L'Irlandais Thomas Burke avait reproché à la Révolution française d'avoir déchaîné « le dérèglement et le vice » et fait perdre aux jeunes générations « la sagesse et la vertu ». Les néo-conservateurs, revenus en force au début des années quatre-vingt, ont repris exactement la même antienne. Les soixante-huitards voulaient « interdire d'interdire » ? Ils ont eu tort, toute société vit de règles et d'interdits. Ils voulaient « demander l'impossible » ? Ils avaient oublié que la condition humaine est tragique. À entendre les critiques de Mai, il fallait au plus vite interrompre ce « glissement vers l'apathie, l'hédonisme et le chaos moral ».

L'élection de Reagan a incarné aux yeux de son électorat la revanche du principe de réalité sur le principe de plaisir. Il a été l'étendard d'une révolution morale autant qu'économique. Il entraînera pourtant ses soutiens dans une illusion tout aussi naïve que celle des soixante-huitards, celle de penser que le capitalisme puisse s'autoréguler par la grâce d'une exigence morale retrouvée. C'est au contraire au triomphe de la cupidité que l'on assistera, les inégalités de richesse explosant sans aucune décence après son élection. La trahison de la révolution conservatrice sera la deuxième grande désillusion de notre époque.

Le passage des sixties aux années quatre-vingt aurait pu n'être qu'un banal aller-retour entre les deux pôles du désir humain : l'envie de s'émanciper, de partir loin, « anywhere out of the world », disait Baudelaire, et le besoin tout aussi récurrent de revenir chez soi, au chaud parmi les siens[1]. C'est une forme profondément pervertie de cette opposition qui s'est enclenchée au cours du dernier demi-siècle. La contestation joyeuse de l'ordre établi a basculé dans un individualisme concurrentiel, tandis que l'éloge de la tradition se métamorphosait aussi, virant au refus de celle des autres, à la xénophobie. En lieu et place d'un affrontement (noble) entre émancipation et tradition, on a assisté à un grand schisme entre les gagnants, autonomes, affranchis des conventions, et les perdants, cherchant dans la tradition une protection qu'elle ne pouvait leur apporter.

La montée du populisme est l'expression de cette crise. Au terme d'une interminable odyssée où elles ont perdu les repères que leur offrait la société industrielle, les classes populaires se révoltent contre la gauche, accusée de laxisme moral, et contre la droite, coupable de ne penser qu'à s'enrichir. Elles finissent par réclamer la fin du libéralisme sous toutes ses formes, culturel et économique. La migration des classes laborieuses vers les partis populistes sonne le glas des espérances d'une génération qui écrivait sur les murs de ses facs : « La classe ouvrière prendra des mains fragiles des étudiants la bannière de la révolte. » C'est la troisième grande illusion perdue.

Comment comprendre cet enchaînement de crises et de ruptures ? Quel est le mal sourd dont cette période a été l'expression ? La réponse tient à un facteur déci-

1. Robert Legros dira ainsi dans *L'Idée d'humanité* que l'homme moderne oscille constamment entre un désir « d'arrachement », celui dont la philosophie des Lumières fait l'éloge au XVIIIe siècle, et un besoin contradictoire « d'enracinement », exprimé par le romantisme au XIXe.

sif : l'effondrement d'une civilisation, celle du monde industriel, et l'immense difficulté où se sont trouvées les sociétés avancées à lui trouver un successeur. L'idée de société postindustrielle qui a été proposée pour caractériser notre époque a catalysé tous les malentendus. La gauche l'a interprétée comme l'annonce d'une sortie du capitalisme, la droite comme un retour à ses valeurs fondatrices, celles du travail et de l'effort. Toutes deux se sont trompées. Ce n'est qu'au cours des dernières années que le voile s'est levé sur sa signification réelle.

Pour comprendre la nature des désillusions que la sortie du monde industriel a provoquées, il faut relire *Le Grand Espoir du XXe siècle*, un livre fondamental publié en 1948 par Jean Fourastié. Après avoir travaillé la terre dans les sociétés agraires, puis la matière dans la société industrielle, l'espoir des temps nouveaux, selon ce grand économiste, était que l'homme puisse s'occuper de l'homme lui-même, dans une société où le temps du travail serait dédié aux personnes plutôt qu'aux objets, dans la santé, l'éducation ou les loisirs. C'est cette espérance d'une économie en voie d'humanisation qui a été trahie.

Fourastié avait sous-estimé l'importance d'un point essentiel : l'irrésistible besoin de croissance des sociétés modernes. Or une société de services où M. X s'occupe de Mme Y ne peut pas croître. Le salaire du premier est bridé par celui de la seconde. Loin d'être les étendards d'un monde nouveau, les services aux personnes, instituteurs et garde-malades, ont été confinés au segment le plus bas des rémunérations. On peut certes « travailler plus pour gagner plus », comme y incitait un ancien président, mais cela ne permettra jamais de doubler son salaire tous les quinze ans, comme ce fut le cas dans le monde industriel des années cinquante et soixante. Pour que la hausse du pouvoir d'achat soit possible, il faut trouver des « rendements d'échelle » qui permettent à un prestataire de prendre en charge un nombre croissant de clients, comme un comédien qui démultiplie son audience en passant du théâtre à la télévision.

Après de nombreux tâtonnements, il semble que la société postindustrielle ait trouvé une voie, et un nom pour se définir en propre : la société digitale. Pour trouver du « rendement », elle exige de chacun qu'il entre, comme un suppositoire, dans le grand corps cybernétique, pour devenir une information qui puisse être traitée par une autre information. Les logiciels, l'intelligence artificielle, vont pouvoir s'occuper d'un nombre illimité de clients, les soigner, les conseiller, les divertir, à condition qu'ils aient été préalablement numérisés. Le film *Her,* prophétique, met ainsi en scène un logiciel « affectif », dont la voix envoûtante est celle de l'actrice Scarlett Johansson, qui est amoureux de plusieurs millions de personnes à la fois ! Telle est la promesse annoncée par l'*homo digitalis*, celle d'un monde affranchi des limites du corps humain.

Toute la question est évidemment de savoir si le remède ne sera pas pire que le mal. Les robots vont-ils remplacer les humains et accroître la misère ? Le travail à la chaîne laissera-t-il place à une taylorisation des esprits, via Facebook et Netflix ? Par une formidable courbure du temps historique, les vieilles questions du monde industriel sont en train de resurgir au cœur de celui qui l'a remplacé. Faut-il en parcourir à nouveau toutes les étapes, ses faillites morales et ses crises financières ? Peut-on faire mieux ? L'histoire s'écrit maintenant, à condition de ne pas se tromper sur sa signification.

PREMIÈRE PARTIE

PARTIR, REVENIR

I.

Mythologies modernes

Pour les jeunes qui ont vingt ans aujourd'hui, Mai 68 est aussi éloigné dans l'espace-temps que pouvait l'être l'armistice de 1918 pour leurs prédécesseurs, cinquante ans plus tôt. Dans les deux cas, le poids du passé est pourtant considérable. Les jeunes qui ont fait Mai 68 reprochaient à leurs parents d'avoir oublié les tragédies de l'histoire dans le confort ennuyeux de la société de consommation. La jeunesse d'aujourd'hui lance à ses aînés une accusation exactement inverse. C'est la précarité du monde, l'absence de sécurité matérielle, qui est désormais reprochée aux parents, comme une conséquence perverse de leurs bacchanales passées.

Les ennemis de Mai ont accusé le mouvement d'être responsable de la déréliction du monde contemporain. Mai 68, libertaire, aurait préparé la montée de l'individualisme et fait le lit du libéralisme économique. Les jeunes qui occupaient l'Odéon et les hippies de San Francisco auraient œuvré à la prise de pouvoir de Wall Street ? C'est évidemment complètement idiot. Ce sont les Reagan et Thatcher, ennemis de Mai, qui découvriront vingt ans plus tard cette martingale incroyable poussant un agenda ultra-libéral en économie sous couvert d'accomplir une restauration morale sur le terrain des valeurs.

Mai 68 est bien davantage une critique de l'individualisme grandissant de son époque que la cause de celui-ci[1]. Partout, à Berkeley ou à Rome, la jeunesse estudiantine a manifesté sa colère à l'encontre d'une société vouée au culte de la consommation. Pour les économistes qui analysent cette période à travers leurs statistiques, elle apparaît pourtant comme un véritable âge d'or. La croissance était exceptionnelle, permettant un doublement tous les quinze ans du revenu. Le chômage était inférieur à 3 %, ce qui serait aujourd'hui un miracle. Comme le dit Jean-Pierre Le Goff dans ses Mémoires : « Le progrès semblait enfin remplir ses promesses : il n'était plus reporté dans un avenir radieux impliquant encore sacrifices et efforts pour y parvenir, mais il se concrétisait dans le présent par l'accès à des biens de consommation et des modes de vie qui changèrent la vie quotidienne. Le passé semblait devenir obsolète[2]. »

À gratter toutefois sous la croûte des statistiques, quelques fissures apparaissent. Les jeunes s'inquiètent

1. Cornelius Castoriadis écrit ainsi : « L'interprétation de Mai 68 en termes de préparation (ou d'accélération) de l'individualisme contemporain constitue une des tentatives les plus extrêmes que je connaisse de réécrire [l'histoire] en dépit de toute vraisemblance. Sont oubliées les semaines de fraternisation et de solidarité active, où l'on adressait la parole à n'importe qui dans la vie sans craindre de passer pour un fou, où tout conducteur de voiture s'arrêtait pour vous prendre en stop. Leur vérité aurait donc été l'égoïsme hédoniste ? » (Edgar Morin, Claude Lefort et Cornelius Castoriadis, *Mai 68 : la brèche*, suivi de *Vingt ans après*, Fayard, 1988.)

2. Jean-Pierre Le Goff, *La France d'hier*, Stock, 2018.

de la situation du marché du travail ; l'ANPE est créée en 1967 pour aider quelque 450 000 chômeurs à retrouver un emploi[1]. Parmi les chômeurs, la part des moins de 25 ans représente 40 % du total (c'est, proportionnellement, deux fois plus qu'aujourd'hui). Le salaire minimum, conçu comme un socle incompressible, décroche par rapport aux salaires moyens[2]. La situation économique est bonne, mais des nuages pointent dans le ciel.

C'est surtout dans les données subjectives que la difficulté de vivre est perceptible. Sous le vernis de l'opulence, un mal-être est en train de surgir. Dans son édition du 15 mars 1968, le journal *Le Monde* avait publié un article devenu célèbre, de Pierre Viansson-Ponté, résumant parfaitement la torpeur à laquelle Mai 68 voulut arracher la société française : « Quand la France s'ennuie... » La France, expliquait-il, est en paix, pour la première fois depuis un siècle. Elle a troqué la vie héroïque pour le confort de la société bourgeoise. Et elle s'ennuie ! Mais « c'est peut-être cela qu'on appelle, pour un peuple, le bonheur » , concluait Viansson-Ponté. C'est ce bonheur-là, celui du « métro-boulot-dodo », dont la jeunesse ne voulait pas. Par les deux bouts, dans l'ordre

1. Entre 1965 et 1968, le taux de chômage est passé de 1,5 % à 2,7 %.

2. Les inégalités se tendent également : entre 1948 et 1967, la part des 50 % les plus pauvres passe de 20 % à 18,5 % du revenu total tandis que celle des 1 % les plus riches augmente de 10 % à 11 %. Ce sont surtout les classes moyennes supérieures (cadres et techniciens supérieurs) qui l'emportent : les 9 % les plus riches (hors le 1 % du haut) passent de 23,6 % à 26,8 % du revenu total. Source : World Income Database.

de la production et celui de la consommation, la société industrielle était en train de toucher ses limites.

Le monde de la production était celui du travail à la chaîne, de l'organisation tayloriste du travail. Le livre de Taylor *La Direction scientifique des entreprises*, écrit au début du XXe siècle, reste la bible de l'entreprise. Il a fait entrer « le chronomètre dans l'atelier », minutant le temps moyen de chaque tâche, pour le réduire au minimum. Sous son influence, l'ouvrier a vu son activité réduite à un geste identique, indéfiniment répété. Le taylorisme organise l'exclusion du travailleur du processus de production dont il est censé être l'acteur. Exclusion par rapport au travail lui-même : toutes les conditions nécessaires à la tâche sont prises en charge. Par rapport au savoir : le travailleur « n'est pas là pour penser ». Par rapport au temps : les cadences, les pauses sont fixées. Exclusion enfin, qui résume toutes les autres : l'ouvrier est seul face à son poste de travail, il est interdit de communication avec autrui[1].

Taylor n'ignorait pas les drames humains que son système allait engendrer : « Je vois, disait-il, de la colère dans les yeux de mes amis ouvriers. » Mais, pensait-il aussi, les travailleurs, devenant plus riches grâce à la productivité nouvelle, jouiront, en dehors du travail, des fruits de la prospérité. Henry Ford, le créateur de la marque automobile, le saisit très vite. Pour attacher les ouvriers au travail ennuyeux de la chaîne, il comprit qu'il fallait les payer le mieux possible. Il y a un temps pour souffrir et un temps pour jouir.

1. Sur tous ces points, cf. Benjamin Coriat, *L'Atelier et le chronomètre*, Christian Bourgois, 1994.

C'est cette schizophrénie au fondement du monde industriel – travailler dur pour pouvoir consommer ensuite – qui devenait insupportable. À la fatigue de produire dans des conditions abêtissantes, s'est ajoutée une lassitude imprévue : à l'égard de la consommation elle-même. Dès 1957, le livre culte de Roland Barthes, *Mythologies*, avait démasqué avec un humour inégalé la manière dont la société de consommation, sous couvert d'émancipation, promettait surtout d'atteindre le bonheur petit-bourgeois du « calcul et de l'ordre[1] ». Le premier congrès de la Détergence, qui s'était tenu à Paris en 1954, lui avait procuré la joie ravageuse de commenter le succès de la lessive Omo. « Dire qu'Omo nettoie en profondeur [...], c'est supposer que le linge est profond, ce qu'on n'avait jamais pensé, ce qui est incontestablement le magnifier, l'établir comme un objet flatteur... » Commentant ensuite la nouvelle voiture de Citroën, la célèbre DS, il note qu'elle marque un changement dans la mythologie automobile. Hier éloge de la puissance, l'automobile devient « plus *ménagère*, mieux accordée à cette sublimation de l'ustensilité que l'on retrouve dans nos arts ménagers contemporains : le tableau de bord ressemble davantage à l'établi d'une cuisine moderne qu'à la centrale d'une usine : les minces volets de tôle mate, ondulée, les petits leviers à boule blanche, les voyants très simples, la discrétion même de la nickelerie, tout cela signifie une sorte de contrôle exercé sur le mouvement, conçu désormais comme confort plus que comme performance... ».

Pour le sociologue Jean Baudrillard, inspiré par Barthes, la société de consommation est traversée par une tension

1. *Mythologies*, Le Seuil, 1957, rééd. collection Points.

fondamentale : elle veut du confort *et* de l'héroïsme. Elle est déchirée entre « la passivité qu'elle implique et une morale sociale qui, pour l'essentiel, reste celle de l'action et du sacrifice[1] ». La manière de résoudre cette contradiction, selon Baudrillard, est de dramatiser la vie montrée par les médias. La quiétude du consommateur devant son poste doit apparaître comme un exploit, « arraché » aux turpitudes du monde extérieur. Il faut en montrer aussi crûment que possible la violence pour permettre à celui qui l'observe de savourer la tranquillité qui lui est offerte. « La société de consommation se vit comme une Jérusalem encerclée, riche et menacée, c'est là son idéologie. C'est celle du téléspectateur relaxé devant les effrois de la guerre du Vietnam. »

Dix ans après Mai 68, l'économiste américain Albert Hirschman, revenant sur l'analyse de Baudrillard, lui ajoutait un correctif essentiel. À ses yeux, il faut comprendre la lassitude de l'homme moderne face à la société de consommation comme l'une des conséquences de la prospérité. C'est lorsque la situation économique est bonne, quand la richesse excède les attentes, que les personnes se croient rassasiées des richesses matérielles. Elles exigent alors des satisfactions plus hautes, veulent de l'héroïsme, de la générosité. Mais la prospérité est toujours relative. Quelle que soit la richesse déjà atteinte, le désir de consommer se ranime vite quand il cesse d'être satisfait. Dans les périodes de croissance faible, l'ordre des priorités s'inverse. La crise rend égoïste et favorise le repli sur soi. La dépression s'entend alors dans les deux sens du terme, économique et moral. Le désir, selon

1. *La Société de consommation*, 1971, rééd. Gallimard, Folio.

Hirschman, va à contre-courant du cycle économique : il veut de l'authenticité quand la croissance est forte et de la richesse matérielle dans les périodes de récession. Cette théorie lui permettra à la fois d'interpréter les sixties et d'anticiper la révolution conservatrice des années quatre-vingt qui allait suivre, lorsque la demande d'un « confort petit-bourgeois » reviendra en force, portée par la crise économique[1].

Ce que Hirschman ignorait, écrivant en 1978, était que les sixties marquaient bien davantage que le point culminant d'une phase de croissance. Un bouleversement beaucoup plus fondamental était en train de s'accomplir : la chute de la société industrielle allait vraiment se produire. Les trompettes de Jéricho embouchées en Mai allaient faire tomber, contre toute attente, les murs de l'ancienne forteresse. Les soixante-huitards n'y sont évidemment pour rien. Ils ont davantage flairé sa fragilité qu'ils n'ont été responsables de son effondrement. Un cycle totalement inédit était en train de s'ouvrir, rongé par une perte de sens, et qui allait mettre cinquante ans à se déployer.

1. Comme le rappelle Henri Weber dans ses Mémoires, l'idée à l'époque était exactement inverse. On pensait que la crise du capitalisme ferait le lit de l'extrême gauche. *Rebelle jeunesse*, Stock, 2018.

La jeunesse s'ennuie ?

La célébration du mi-centenaire de Mai 68 a permis de revivre, en images et comme en temps réel, ce mois de folie où la France tout entière a décidé d'arrêter de travailler. Racontant « Mai 68 à ceux qui ne l'ont pas vécu », Patrick Rotman en a fait le récit sobre et précis. Stricto sensu, le printemps parisien a commencé le 3 mai avec une première grande journée de manifestations étudiantes et s'est terminé le 30 juin 1968, avec les élections législatives et le départ en vacances des Français. À l'échelle de la décennie, Mai 68 se situe à mi-chemin entre la fin de la guerre d'Algérie et le choc pétrolier de 1973. La décolonisation bat son plein. L'Amérique, hier libératrice de l'Europe, voit son image profondément dégradée. Le soutien américain aux dictatures latino-américaines effaçait l'héroïsme de la génération qui avait vaincu le nazisme[1]. Pour les jeunes Américains eux-mêmes, la guerre du Vietnam était l'abomination

1. La révolution cubaine, qui tient tête aux États-Unis, enflamme la jeunesse estudiantine. La photo du Che, figure romantique par excellence, le regard dans le vague, vers l'horizon, est partout.

absolue. Leur détestation franchira les frontières. Les 17 et 18 février 1968, une grande manifestation contre la guerre est organisée à Berlin. Daniel Cohn-Bendit, Alain Krivine, Henri Weber et plusieurs centaines de Français s'y sont rendus. En Allemagne, le leader de la contestation étudiante s'appelle Rudi Dutschke, dit Rudi le Rouge. Né en Allemagne de l'Est, il renvoie dos à dos le capitalisme et le communisme. À la suite d'une violente campagne de presse, il est victime d'un attentat. Deux balles dans la tête le laisseront plusieurs jours entre la vie et la mort[1].

À Paris, l'étincelle éclate le 21 mars, quand un étudiant de Nanterre est accusé d'avoir brisé les vitres de l'American Express lors d'un rassemblement contre la guerre du Vietnam[2]. Le lendemain, les locaux de l'administration sont occupés. Le mouvement du 22 mars est né. Le 2 mai, le doyen Grappin décide de fermer la faculté après l'interruption de nombreux cours, dont celui de l'historien René Rémond. Les étudiants quittent Nanterre pour se rendre à la Sorbonne. Elle sera fermée à son tour à la demande du doyen Jean Roche. Mai 68 est lancé.

La police viole le sanctuaire universitaire et intervient. Une nuit de barricades s'ensuit entre les 3 et 4 mai à Paris. Le mouvement se propage en province. À Toulouse, Lille, Bordeaux, Marseille, des milliers d'étudiants protestent contre la répression policière. La nuit du 10 mai est le point d'incandescence : les étudiants « occupent » le Quartier latin en réponse à l'occupation de la Sorbonne.

1. Il mourra dix ans plus tard, le 24 décembre 1979.

2. L'un des (nombreux) paradoxes de cette période est que les pourparlers de paix commencent à Paris le 10 mai 1968.

Les rues sont dépavées (« Sous les pavés la plage » sera un autre des célèbres slogans de Mai), spontanément, sans mot d'ordre préalable. À deux heures du matin, la police donne l'assaut. De chaque côté, on comptera de nombreux blessés. Le lendemain, les syndicats appellent à une grève générale pour le 13 mai. Dix ans plus tôt, jour pour jour, en Algérie, les manifestations avaient entraîné la chute du gouvernement et précipité le retour de De Gaulle. Dix ans : un siècle, a dû penser le Général…

La France des ouvriers rejoint celle des étudiants. Le travail s'arrête progressivement. En seulement une semaine, du 14 au 25 mai, le nombre de grévistes atteint les 10 millions. Les pro-Chinois brandissent une banderole qui clame : « La classe ouvrière prendra des mains fragiles des étudiants la bannière de la révolte. » Le 22 mai, Dany Cohn-Bendit est expulsé pour avoir déclaré qu'il fallait déchirer le drapeau français et ne garder que le drapeau rouge. Le 24, les étudiants se mobilisent autour du célèbre slogan « Nous sommes tous des juifs allemands ».

C'est le 25 mai que le Premier ministre Georges Pompidou organise la riposte du pouvoir. Il ouvre au ministère du Travail des négociations avec les syndicats. La CGT, peut-être encouragée par Moscou via le Parti communiste, joue le jeu de la négociation. À l'aube du 27 mai, alors qu'une nouvelle manifestation se prépare au stade Charléty, avec le soutien de ses rivaux de la CFDT et sous l'égide de Pierre Mendès France, un accord est signé à l'arraché. Les salaires sont augmentés de 7 %, le salaire minimum de 35 %, et les sections syndicales d'entreprise sont reconnues.

Le 29 mai, de Gaulle disparaît ! Il rencontre secrètement le commandant des forces françaises en Allemagne, le général Massu. Une photo publiée par *Paris-Match* montre le Président sortant d'un hélicoptère, le visage hagard, il semble abattu. Le 30 mai pourtant, de Gaulle reprend l'initiative. Poussé par le Premier ministre, il annonce la dissolution de l'Assemblée, tandis que plusieurs centaines de milliers de manifestants remontent les Champs-Élysées, André Malraux en tête, pour le soutenir. Les grèves dureront encore trois semaines. Citroën rouvre le 24 juin, Renault le 27. À la fin du mois de juin, le gouvernement gagne une majorité écrasante à l'Assemblée. Les pompes à essence sont réapprovisionnées. Les Français peuvent partir en week-end. La révolution est terminée.

« Salut les copains »

Le fait massif qui « explique » Mai 68 est le poids nouveau, démographique et sociologique, de la jeunesse. Un tiers des Français ont moins de vingt ans, c'est deux fois plus que le nombre de « vieux » (les plus de soixante ans[1]). Le nombre d'étudiants a doublé depuis 1960 et quintuplé depuis 1946. Une culture « adolescente et dissidente » voit le jour. Les Beatles et les Rolling Stones, nés dans les banlieues ouvrières anglaises, naturalisent le rock'n'roll apparu aux États-Unis dans les années cinquante avec Elvis Presley ou Chuck Berry. En France, Johnny Hallyday, Sylvie Vartan, Richard Anthony et

1. Les vieux ainsi définis sont aujourd'hui plus nombreux que les jeunes (les moins de vingt ans).

beaucoup d'autres importent la musique anglo-saxonne, un « ferment dionysiaque, une force explosive » selon les mots d'Edgar Morin qui forgera l'expression de « génération yéyé ». Le rock et sa version française exprimaient une nouvelle insouciance qui rompait avec l'ancien monde du tragique de l'histoire et de l'engagement. Écouter à la radio *Salut les copains* ou Radio Caroline, une radio pirate émettant à partir d'un bateau naviguant en dehors des eaux territoriales britanniques, était le moment attendu quotidiennement par les adolescents.

Pour le sociologue Jean-Pierre Le Goff, « la jeunesse était au centre du basculement entre l'ancien et le nouveau monde. L'adolescence comme passage difficile de l'enfance à l'âge adulte faisait écho à une France en pleine mutation ». La situation de la jeunesse est unique à deux égards. Par sa masse, tout d'abord, relativement au reste de la population. Les baby-boomers sont nombreux, car l'après-guerre a déclenché partout et en même temps un désir de progéniture. Mais c'est en dehors du foyer familial que les jeunes se rencontrent, au lycée, à la fac ou à l'usine. C'est aussi la première génération à avoir été éduquée par la télévision, avec des programmes qui lui étaient spécifiquement dédiés. « Don't trust anyone over 30 », disait Abbie Hoffman, l'un des chantres de la contre-culture.

« La jeunesse française s'ennuie », avait cru diagnostiquer Viansson-Ponté. « Les étudiants manifestent, bougent [...]. Ils ont l'impression qu'ils ont des conquêtes à entreprendre, une protestation à faire entendre, au moins un sentiment de l'absurde à opposer à l'absurdité. Les étudiants français se préoccupent de savoir si les filles de Nanterre [...] pourront accéder librement aux chambres des garçons. » Le journaliste faisait allusion à un autre des épisodes célèbres qui ont lancé Mai 68. Le 8 janvier 1968, Daniel Cohn-Bendit avait interpellé le ministre de la Jeunesse et des Sports, François Missoffe, venu inaugurer la piscine de Nanterre, lui reprochant de ne pas avoir mentionné la sexualité des jeunes dans un rapport que le ministère venait de publier (et le ministre, tout en légèreté, lui avait recommandé de plonger dans la piscine s'il avait des problèmes sexuels...).

Ce que Viansson-Ponté tournait en dérision a pourtant été l'une des questions clés soulevées par Mai 68 : l'archaïsme du monde universitaire, ses prohibitions vétustes, qu'il s'agisse des ségrégations garçons-filles dans les résidences ou de l'exclusion (toute théorique) de la politique de l'enceinte universitaire. Dans les établissements scolaires, les filles portaient encore une blouse. Aux États-Unis, elles devaient quitter les bibliothèques universitaires après 17 heures. En France, la loi Neuwirth, autorisant la contraception, avait tout juste été (difficilement) votée en 1967. Il avait fallu attendre 1965 pour que les femmes puissent disposer d'un compte en banque sans demander l'autorisation de leur mari ! Deux siècles après la Révolution française, elles étaient toujours sous la tutelle de leur époux pour la plupart des actes juridiques les concernant. Pour les femmes comme pour de nombreuses strates de la société, l'idée d'autonomie, de liberté, était restée lettre morte. Pour le sociologue Henri Mendras, qui parlera de « seconde Révolution française » à propos de la séquence 1965-1985, « l'écart s'était creusé entre la Loi et les Mœurs ». Il faudra toutefois attendre les années soixante-dix pour que la libération des femmes, avec le droit à l'avortement notamment, devienne une question centrale. Comme le dira l'historienne Michelle Perrot, Mai 68 a dans une large mesure oublié les femmes et leurs aspirations propres[1].

L'une des originalités françaises, relativement aux autres pays, tient à la convergence des luttes entre les jeunesses étudiante et ouvrière. Malgré l'hostilité du Parti communiste à l'encontre des « gauchistes », des rencontres se produisent entre les jeunes ouvriers et les étudiants. Ludivine Bantigny a calculé que, sur les quelque 800 interpellations réalisées par la police lors de la nuit du 24 mai, on comptait 95 ouvriers et plus d'une soixantaine de techniciens, du monteur au laborantin, du machiniste au frigoriste[2]… Ils sont presque tous âgés de 18 à 24 ans. Revenant sur ses propres années d'adolescence, Jean-Pierre Le Goff commentera avec nostalgie cette communauté éphémère de destins. « Il faut arrêter avec la légende de la rencontre entre ouvriers et étudiants, dira-t-il. Ce n'est pas allé au-delà des contacts avec des étudiants syndicalistes et politisés, même s'il existait un sentiment de solidarité contre la répression policière. Mais il y avait des points communs entre nous. C'étaient des jeunes ouvriers, qui n'avaient pas grand-chose à voir avec l'image traditionnelle de l'ouvrier syndiqué et militant. Ils subissent le travail à la chaîne avec un sentiment de dévalorisation ; nous étions de jeunes étudiants découvrant une université moderne aux rapports impersonnels. Malgré les différences de situa-

1. Préface à *Filles de Mai. 68 mon Mai à moi : mémoires de femmes*, Le Bord de l'eau, 2004.

2. Ludivine Bantigny, *1968. De grands soirs en petits matins*, Le Seuil, 2018.

tion sociale, nous étions tous un peu des jeunes déracinés des bourgs et des campagnes dans le nouveau monde[1]. »

L'un des grands malentendus de Mai 68, parfaitement mis en lumière par Le Goff dans un ouvrage publié en 1998[2], tient au rôle que les étudiants s'assignent à eux-mêmes. Ils rêvent d'être l'avant-garde du mouvement ouvrier, alors que la réalité est presque inverse : ce sont les jeunes ouvriers qui envient leur adolescence bourgeoise. Christian Baudelot et Robert Establet ont repris à leur manière cette opposition. Longtemps, expliquent-ils, la jeunesse ouvrière quittait les bancs de l'école pour aller travailler en usine tandis que les jeunes bourgeois restaient dans le giron de leurs parents, pour aller à l'Université ou dans une Grande École, faire l'apprentissage du pouvoir. D'un côté, « on réalisait l'impatience d'avoir l'âge d'homme, de l'autre, on s'initiait à la culture des humanités[3] ». Deux espaces sociaux qui ne communiquaient pas, mais deux jeunesses chacune titulaire d'une dignité propre. Ces cartes sont brouillées avec la démocratisation scolaire. Un nombre croissant de jeunes se retrouvent hors du jeu social à un âge où auparavant ils auraient été au travail. Une zone d'incertitude partagée est créée.

L'allongement de la durée des études est l'un des grands chocs qui traversent cette période. Il a fait espérer une promotion sociale aux nouveaux venus, mais il s'est heurté à une désillusion : la démocratisation scolaire produit une prolétarisation du statut de l'étudiant. Dans

---

1. Entretien, *Le Monde*, 8 mars 2018.
2. *Mai 68, l'héritage impossible*, La Découverte, 1998.
3. *Une jeunesse difficile*, Éditions rue d'Ulm, 2007.

un texte publié en 1967 par l'Internationale situationniste intitulé « De la misère en milieu étudiant », il était ainsi écrit : « Nous pouvons affirmer, sans grand risque de nous tromper, que l'étudiant en France est, après le policier et le prêtre, l'être le plus universellement méprisé[1]. » À suivre le sociologue Pierre Bourdieu, les lieux où il y a eu le plus de révolte en Mai sont ceux où la discordance entre la scolarité et le marché du travail est au maximum, soit dans les facultés de sociologie ou de psychologie. Les « intellectuels prolétarisés, ajoute Bourdieu, sont des gens malheureux et très dangereux ». Ils ont joué un rôle décisif dans les violences historiques que l'on retrouve dans « la révolution culturelle chinoise, les hérésies médiévales, les mouvements prénazis et nazis, ou même la Révolution française ». Bourdieu parle d'un « ressentiment de bas clergé, toujours prêt à s'engouffrer dans la moindre brèche qui s'offre à lui[2] ».

Le fait que la révolte étudiante soit partie des campus américains de Berkeley ou de Columbia pour toucher ensuite l'ensemble des universités européennes, telle la London School of Economics où Daniel Cohn-Bendit et Alain Geismar vinrent prêcher la bonne parole, montre toutefois qu'elle est plus profonde qu'une simple réponse à un dysfonctionnement du système universitaire français. Même sur le terrain strictement économique, il n'est pas vrai que la génération de Mai a été la victime de la

1. La traduction du livre a également connu un succès retentissant, preuve de la concomitance, dans l'ensemble des pays industrialisés, de cette question. Diffusé en huit langues, il en est tiré 300 000 exemplaires.

2. Pierre Bourdieu, *Interventions* 1961-2001. *Science sociale et action politique*, Agone, 2002.

démocratisation scolaire. À lire les travaux du sociologue Louis Chauvel, c'est même exactement le contraire. La carrière des jeunes gens qui ont eu vingt ans en mai 68 sera exceptionnelle, malgré la crise qui devait surgir ensuite, même si naturellement ils ne le sauront que plus tard[1]... Le déclassement touchera les générations suivantes, celles qui connaîtront la deuxième démocratisation scolaire, dans les années quatre-vingt. Éric Maurin a mené une enquête statistique sur les bacheliers de mai 68, auxquels le pouvoir, pour avoir la paix, avait généreusement octroyé le diplôme (avec un taux de réussite proche de 100 %). Leurs carrières ont été tout aussi brillantes que celles des autres cohortes. Le bac, même « frelaté », a permis à ses titulaires de s'élever socialement.

Il n'y a toutefois qu'en France où la crise estudiantine de Mai débouchera sur une crise politique. La France gaulliste s'est révélée beaucoup plus vulnérable politiquement que les autres pays industriels. « Entre les communistes et nous il n'y a rien », expliquait de Gaulle. C'est dans ce rien qu'a surgi Mai 68, né du besoin d'affirmer un contre-pouvoir face à un pouvoir sans partage. Le paradoxe des accords de Grenelle, signés en juin entre le gouvernement et les représentants du monde du travail, est que ce sont les syndicats qui vont aider le gouvernement à transformer en demande quantitative ce qui était en train de prendre la forme d'une crise qualitative. En augmentant le salaire minimum et les salaires ouvriers, les accords de Grenelle vont chercher à traduire en pouvoir d'achat la demande existentielle qui est en train de

1. Louis Chauvel, *Le Destin des générations. Structure sociale et cohortes en France au XXe siècle*, PUF, 2002.

s'exprimer. Ce que la CGT et Pompidou redoutaient, chacun à leur façon, était que l'ivresse idéaliste des étudiants ne gagne les ouvriers. Dans un film célèbre à l'époque, *La Reprise du travail aux usines Wonder*, on voit une femme pleurer de désespoir lorsqu'elle comprend que la fête est finie, qu'elle doit retourner travailler et qu'aucune augmentation de salaire ne réduira jamais la souffrance de sa vie monotone.

Marx ou Freud

Mai 68 n'a pas été taillé dans un seul bloc. Il faut distinguer *a minima* deux sensibilités. Reprenant une taxinomie proposée par Luc Boltanski et Ève Chiapello, on peut repérer une « critique artiste » et une « critique sociale »[1]. La première dénonce la société de consommation, la seconde l'ordre de la production. L'une se révolte contre les conventions hypocrites de la société bourgeoise, en matière sexuelle notamment. L'autre dénonce l'exploitation ouvrière et la vie en usine. La critique sociale met ses espoirs dans le rôle messianique de la classe ouvrière. La critique artiste veut faire advenir un monde où le prolétariat deviendrait inutile, car la richesse ne sera plus matérielle. Qu'ont-elles en commun ?

La critique artiste est une révolte rimbaldienne, le poster du poète faisant jeu égal dans les rues de Paris avec celui de Che Guevara. Elle reproche à la bourgeoisie de cultiver l'égoïsme, l'opportunisme. Elle oppose la création désintéressée de l'artiste au mode de vie « propriétaire »

1. Luc Boltanski et Ève Chiapello, *Le Nouvel Esprit du capitalisme*, Gallimard, 1999.

de la société marchande. Boltanski et Chiapello notent aussi que cette critique partage avec la modernité son individualisme. Stendhal, Flaubert et Baudelaire, ennemis de la stupidité et du matérialisme bourgeois, adoraient Paris et détestaient la province, « la demeure de l'imbécillité », disait Flaubert. Les situationnistes seront les principaux animateurs de cette critique artiste (même s'ils connaîtront eux-mêmes deux courants qui s'affronteront à propos de la question sociale). L'occupation du théâtre de l'Odéon sous le slogan « L'imagination prend le pouvoir » sera l'un de leurs faits d'armes. Guy Debord, leur maître à penser, publie en 1967 un ouvrage culte, *La Société du spectacle*, dans lequel il dénonce le capitalisme comme une organisation des apparences sociales où chacun est assigné à un rôle fixé à l'avance, comme au théâtre[1]. En 1972, l'Internationale situationniste finira par prononcer son autodissolution, redoutant que « le situationnisme n'en vienne à constituer la dernière idéologie spectaculaire de la révolution ».

Le second versant de Mai 68 se nourrit d'une critique sociale du capitalisme, l'autre terme proposé par Boltanski et Chiapello pour en comprendre l'inspiration. Il reprend à son compte la dénonciation marxiste de l'exploitation ouvrière et annonce l'avènement d'une société sans classes. Il pioche son lexique dans la révolution d'Octobre de Lénine et la révolution culturelle de Mao en Chine. Exaltant la grandeur de la classe ouvrière, certains étudiants s'installent en usines. Robert Linhart, ancien élève de l'École normale supérieure et disciple du philosophe Louis Althusser, auteur d'un livre célèbre,

1. Guy Debord, *La Société du spectacle*, Buchet Chastel, 1967.

L'Établi, sur son expérience en usine, racontera à sa fille comment il était parti chercher « la voie lumineuse que prendront tous les affamés du monde, tous les paysans de la zone des ténèbres et des tempêtes ». Virginie Linhart fera elle-même le récit saisissant de sa vie de jeune fille élevée dans le sillon de Mai 68, déchirée entre un père gauchiste et une mère artiste : « Avec 68, écrit-elle, nos parents ont pensé que tout était possible. On pouvait avoir été reçu à dix-neuf ans à Normale sup et se faire embaucher comme ouvrier à la chaîne chez Citroën à vingt-quatre ans, comme mon père, pour devenir établi [...]. Mon père ne s'est jamais remis de ce temps où il crut possible d'infléchir le cours de l'histoire. » Le miracle de Mai 68 est d'avoir signé la rencontre explosive entre ces deux critiques. On pouvait récuser le capitalisme en étant à la fois du côté des ouvriers et des artistes[1].

Dans son livre *Les Contradictions culturelles du capitalisme*, publié en 1976, le sociologue américain Daniel Bell analyse le capitalisme comme une tension permanente entre la sphère de la production, qui est habitée par un idéal d'ordre et de renoncement, et celle de la consommation, du marketing et de la publicité qui offrent des images de « glamour et de sexe, et font la promotion d'une manière hédoniste de vivre ». L'une pousse à l'obéissance, l'autre à l'épanouissement. Vient un moment où elles ne parviennent plus à cohabiter. Dans l'esprit de Bell, ces « contradictions culturelles » héritent des contra-

1. Edgar Morin les rapprochera de la manière suivante : « Le trotskyste déçu peut se reconvertir en néo-hippie ou baba cool ; et inversement. »

dictions internes à la bourgeoisie, qui veut concilier l'ordre moral et le désordre économique qu'elle provoque elle-même[1]. Elles remplacent les contradictions économiques que Marx avait mises au cœur de son analyse. Pour l'auteur du *Capital*, il faut en effet que le prolétariat reste pauvre pour que la bourgeoisie s'enrichisse. Atteindre l'idéal de prospérité promis par le capitalisme exige de s'en débarrasser. Le « problème » est que les Trente Glorieuses témoignaient d'une capacité imprévue du capitalisme à enrichir les ouvriers. Les discours sur la misère prolétarienne tombaient à plat dans une société de consommation qui battait son plein.

Pour la critique artiste toutefois, et contrairement à l'analyse qu'en fait Bell, c'est l'abêtissement provoqué par la société de consommation qui devenait insupportable, davantage que ses appels supposés à la liberté et à l'épanouissement. L'idée d'une émancipation culturelle était un leurre, la consommation n'étant que l'autre visage du travail à la chaîne, répétitive et ennuyeuse. In fine, comme l'explique toutefois Bell, c'est davantage la déshumanisation produite par la société industrielle que la paupérisation ouvrière, stricto sensu, qui est dénoncée. La critique artiste et la critique sociale se sont rejointes dans le rejet partagé de la standardisation, de la taylorisation du monde industriel.

---

1. Cette dualité du capitalisme se retrouve dans l'analyse sociologique. Il découle d'une éthique protestante, d'ascétisme pour Weber, et d'un appétit de richesse pour Sombard. Ces analyses expriment, selon Bell, la dualité entre l'esprit bourgeois du « calcul et de l'ordre » et le désir faustien d'un monde sans limites.

Éros et civilisation

Par un bout ou l'autre, les intellectuels comprirent vite qu'il fallait remettre sur le métier le marxisme, pour le compléter par de nouvelles considérations sur le désir et la jouissance… Comme le résume Vincent Descombes, « il fallait compléter Marx par Freud ».

L'Homme unidimensionnel ou *Éros et civilisation* d'Herbert Marcuse, sociologue transplanté de l'École de Francfort aux campus californiens, se sont assigné exactement cette fonction, à l'instar du livre *La Révolution sexuelle*, dont l'auteur, Wilhelm Reich, fut un disciple de Freud lui-même. Pour Reich, la répression sexuelle empêche la lutte pour la révolution. Pour Marcuse, l'idée développée par Freud selon laquelle toute civilisation est condamnée à réprimer les « besoins instinctuels » est datée historiquement et peut être dépassée. Une civilisation sans répression est possible, pourvu que l'on sache réconcilier « la raison et l'instinct ».

Le point de départ de Marcuse est la théorie freudienne selon laquelle le sacrifice de la libido, du désir sexuel, en faveur d'activités socialement utiles est le fondement de la civilisation. La victoire du principe de réalité transforme la vie psychique avec le développement du surmoi, par lequel l'individu se punit lui-même pour des actions qu'il n'a pas commises. Le principe de plaisir et le principe de réalité sont-ils toutefois nécessairement irréconciliables ? Marcuse remarque tout d'abord que le pouvoir de maîtriser ses pulsions, de transformer des nécessités biologiques en désirs construits culturellement augmente la satisfaction plutôt qu'il ne la diminue. Une complicité silencieuse unit donc les deux frères ennemis de la vie psychique, le surmoi et le ça, nom que Freud a donné au siège des pulsions. La sublimation des désirs n'est pas nécessairement répressive.

Marcuse note ensuite que la pénurie est l'un des ressorts puissants qui assurent la victoire du principe de réalité. « Ne possédant pas assez de moyens de subsistance pour permettre à ses membres de vivre sans travailler, la société est contrainte de détourner leur énergie de l'activité sexuelle vers le travail. » Avec le développement de la division du travail, « les hommes ne vivent pas leur propre vie, mais remplissent des fonctions préétablies. Sous le règne du *principe de rendement*, le corps et l'esprit sont transformés en instruments du travail aliéné ». Même le « temps libre » obéit, selon Marcuse, à une logique de rendement : « Les vacances sont elles-mêmes une re-création de l'énergie en vue du travail futur. »

Mais le principe de rendement n'appartient pas au domaine de la nécessité. Avec la prospérité matérielle (qui en est certes le résultat), la réduction quantitative du temps de travail peut conduire à une modification qualitative de l'existence humaine. Marcuse vise ici la même cible que la critique artiste. C'est la société de consommation, la publicité, qui maintiennent l'illusion de la pénurie, du manque, au sein même de la société d'abondance. Si l'on parvenait à s'en libérer, « la raison répressive ferait place à une nouvelle rationalité de la satisfaction dans laquelle raison et bonheur pourraient converger ». Deviendrait alors possible une modification « de la relation entre ce qui est désirable et ce qui est raisonnable, entre l'instinct et la raison ». Une « sublimation non répressive » remplacerait la « désublimation répressive » du capitalisme. À suivre Marcuse, la prospérité matérielle peut faire disparaître, à condition de le vouloir, la répression qui est au fondement de la société bourgeoise[1].

French theory

Le parallélisme entre la « répression sexuelle » et la « domination économique » proposé par Marcuse et Reich formera une grande partie du socle intellectuel de Mai 68. Le paradoxe de la vie intellectuelle de l'époque est que ces idées parurent beaucoup trop naïves aux yeux de l'intelligentsia française. Comme l'explique Vincent Descombes dans son livre *Le Même et l'autre*, assimiler le refoulement sexuel à une répression sociale, qui est au principe du « freudo-marxisme », sonnait comme « une répétition des niaiseries du XVIIIe siècle : bonne nature, bon sauvage, mauvaise société ». Le paradoxe de la vie intellectuelle de cette période est que les grands penseurs, censés avoir influencé les contestataires, étaient en réalité profondément sceptiques sur la portée de l'événement.

Jacques Lacan, fondateur de l'« École freudienne » et l'un des maîtres à penser de l'époque, n'avait aucune indulgence pour le romantisme révolutionnaire des soixante-huitards. Il lance ainsi aux étudiants de la toute neuve université de Vincennes : « Je suis anti-progressiste. Ce à quoi vous aspirez comme révolutionnaires, c'est

1. Pour Freud, toutefois, si la civilisation exigeait bien un niveau supérieur de répression, elle récompensait l'âme humaine par une meilleure compréhension d'elle-même.

un Maître. Vous l'aurez. » Selon lui, « le désir a son principe dans l'impossible, il est condamné à ne se satisfaire que dans le rêve ». En fabriquant des interdits, la société apaise en réalité l'individu, en lui faisant croire que son impossibilité à être satisfait vient d'ailleurs... Lacan développe ce paradoxe ainsi – nous suivons ici l'exposé de Descombes. Lorsqu'une mère nourrit son enfant qui a faim, elle fait plus que satisfaire un besoin : elle lui offre un témoignage d'amour. D'où une « inévitable » apparition du manque, d'une insuffisance dans cette relation. La mère peut calmer la faim et la soif, mais aucun cadeau ne suffit à prouver l'amour[1]. La demande d'amour étant sans fond, démesurée de part et d'autre, surgit le mirage d'un objet absolu – l'objet du désir – qui comblerait la béance ainsi créée. Mais cet objet est un mythe. Il est le spectre d'une demande impossible à satisfaire. Aucune « libération sexuelle » n'y pourra rien. Le désir (du désir) de l'Autre, avec un grand A, reste à jamais inextinguible[2].

Lacan est l'un des intellectuels français que l'on associe à l'école du structuralisme. Cette méthode, inspirée par la linguistique, a renouvelé l'analyse des sociétés en renvoyant dos à dos l'existentialisme de Sartre et le matérialisme de Marx. L'un de ses grands penseurs est l'anthropologue Claude Lévi-Strauss, qui s'inspire de l'approche des linguistes pour proposer une analyse neuve

1. « Le désir n'est ni l'appétit de satisfaction, ni la demande d'amour, mais la différence qui résulte de la soustraction du premier à la seconde » (*Écrits « La signification du phallus »*)

2. Dans le premier volume de son *Histoire de la sexualité* : *La Volonté de savoir*, Michel Foucault critiquera à son tour « l'hypothèse répressive » qui est au fondement de l'analyse de Marcuse.

du fonctionnement des sociétés. « La linguistique, écrit-il, nous met en présence d'un être extérieur à la conscience et à la volonté. La langue est une raison humaine qui a ses raisons, et que l'homme ne connaît pas. »

Qu'est-ce qui fait « tenir », à son insu, une société, selon Lévi-Strauss ? Réponse : ses mythes, qui fonctionnent à l'échelle de la société comme le langage pour un individu, ils permettent de l'intégrer à une communauté. Ainsi, lorsqu'un malade éprouve dans son corps une souffrance intolérable et incongrue, « le sorcier est chargé de résoudre ce désaccord entre l'expérience de l'individu et le discours de la communauté. Par l'appel au mythe, le chaman va [le] replacer dans un ensemble où tout se tient ». Comme le résume Descombes, « apprivoiser l'élément brutal de l'existence, assimiler l'hétérogène, donner sens à l'insensé, rationaliser l'incongru, bref traduire l'autre dans le langage du même, c'est là qu'opèrent les mythes et les idéologies ».

Quel est, analysé en ces termes, le Mythe occidental, celui qui fait tenir la société moderne sur ses pieds ? Pour Lévi-Strauss, la réponse est : l'Histoire, avec un grand H, qui fait croire en un avenir meilleur, à tout le moins à l'idée que l'histoire obéit à une logique. Dans un chapitre célèbre de son livre *La Pensée sauvage* où il critique Sartre, il explique que l'homme moderne croit en l'histoire et en l'idée de progrès, comme les primitifs croient en l'éternel passé : « Pour Sartre, explique-t-il, l'histoire joue très précisément le rôle d'un mythe. » Il faut pourtant, ajoute-t-il, « récuser l'équivalence entre la notion d'histoire et celle d'humanité. Ce n'est pas parce que l'identité individuelle de chacun manque de "consistance" que les hommes retrouveront sur le plan collectif l'illusion de la liberté[1] ».

Les structuralistes ont professé un « antihumanisme théorique », pour reprendre une formule de Louis Althusser, lequel avait proposé dans leur sillage une nouvelle lecture de Marx. Pour Lévi-Strauss, Foucault, Althusser et Lacan, l'homme est le produit de structures qui le déterminent, et non le sujet de son action. Foucault caractérisait l'individu comme « l'atome fictif d'une représentation idéologique de la société ». Loin de l'optimisme de Marcuse qui croyait, au bout de la société industrielle, à une émancipation vers un monde non répressif, les structuralistes français n'y voyaient que le dernier avatar du mythe occidental d'une histoire salvatrice.

La revanche de Sartre

La pensée structuraliste, comme le résumera Cornélius Castoriadis, part du postulat que les hommes sont désarmés face à leurs propres créations. Cette idée de « structures » qui enserrent l'individu rappelle furieusement la société industrielle elle-même et la division rigoureuse du travail que le taylorisme impose à ses membres. Qu'elle puisse voler en éclats restait impensable à cette époque, même pour les plus grands esprits. Interrogé par Virginie Linhart sur la génération des soixante-huitards,

1. Peut-être, ajoutait Lévi-Strauss, « cet âge d'or de la conscience historique est déjà révolu ; et qu'on puisse au moins concevoir cette éventualité prouve qu'il s'agit seulement là d'une situation contingente ».

l'architecte Roland Castro lui a répondu : « Ils avaient une passion scientiste pour le marxisme et ils ont loupé ce qui apparaît en 68 : l'individu. Ils se sont enchaînés à une pensée qui n'avait rien à voir avec 68, alors que 68 c'était l'individu déchaîné. »

Mai 68 marque en effet davantage la revanche de Sartre et de sa philosophie de la liberté que le triomphe intellectuel de Lévi-Strauss et de Foucault. Comme le dit Serge Audier, « il y eut dans l'événement de Mai, avec ce qu'il avait d'imprévu et d'improvisé, de quoi offrir une revanche à Sartre sur Lévi-Strauss ». Les analyses de Sartre vont en effet « comme un gant » aux revendications de Mai : « La solitude, l'absence de communication, la déréliction causée par la société de consommation » sont au cœur de l'analyse sartrienne qui voit dans « le groupe en fusion » révolutionnaire le moyen de briser cette « sérialité ». Les films de Godard ont finalement mieux senti l'atmosphère des sixties que les savants ouvrages de Lévi-Strauss, Barthes et Foucault. Pour les commentateurs bienveillants de Mai 68 que furent Edgar Morin, Claude Lefort et Cornelius Castoriadis, « les idéaux d'autonomie et de démocratie directe » de Mai devaient s'interpréter comme une critique du « despotisme bureaucratique et de la féodalité » qui structuraient encore la société.

Avec la déréliction de la société industrielle, à partir des années soixante-dix, ces querelles philosophiques se prolongeront sous une forme beaucoup plus inquiète. Une longue période d'errance intellectuelle et politique allait commencer. Ce qu'on appellera par défaut la société postindustrielle devra élaborer un nouvel « imaginaire social », pour reprendre une expression de Castoriadis, en lieu et place de l'ancien. Pour le constituer, bon nombre de « mythologies » nouvelles piocheront dans le lexique produit par Mai 68. Mais ce seront les mots, pas les choses, qui seront recyclés.

II.

Illusions perdues (1/3)

Mai 68 marque un moment paradoxal. L'avènement d'une société postmatérialiste est considéré comme imminent, alors même que la crise gronde. Les années de vaches maigres se préparent à succéder aux années de vaches grasses. Malgré quelques signes inquiétants, les cinq années qui suivent Mai 68 vont continuer à bénéficier d'une croissance très forte : plus de 5 % l'an. En 1973, l'économie française enregistrait encore une croissance mirifique de 6 %. Ce devait être la dernière année faste. À partir du milieu des années soixante-dix, les pays avancés allaient faire l'expérience d'une désillusion amère. *The Age of Diminished Expectations*, qu'on pourrait traduire par « L'âge des espérances perdues », est le titre d'un livre que publiera l'économiste Paul Krugman pour caractériser cette période. La prospérité matérielle, qui semblait acquise voire excessive, devenait soudain incertaine[1]. Comme l'Albertine de Proust, la croissance des Trente Glorieuses allait disparaître, sans que personne sache comment la retrouver.

---

1. *The Age of Diminished Expectations*, MIT Press, nouvelle édition 1990.

En octobre 1973, la guerre du Kippour entre l'Égypte et Israël provoque une flambée du prix du pétrole, à la suite des décisions prises par l'OPEP – le cartel des pays exportateurs de pétrole – de réduire la production. La croissance économique des pays avancés s'effondre brutalement, pour ne plus jamais retrouver ses niveaux antérieurs. Il faudra du temps pour que les contemporains comprennent que le choc pétrolier masquait en réalité une rupture profonde. La croissance faste des années d'après-guerre avait correspondu à une période au cours de laquelle l'Europe rattrapait les États-Unis, à l'image de la Chine aujourd'hui. Il fallait tôt ou tard qu'elle s'interrompe, à mesure que le niveau de vie des Européens convergeait avec celui des États-Unis. Rares pourtant furent les économistes qui firent cette prédiction à l'époque. Les gains de productivité associés à l'ancien régime de croissance, basé sur la production de masse, atteignaient leurs limites aux États-Unis aussi. Toute la logique que l'on associera au fordisme, qui consiste à dire aux ouvriers « Travaille et tu seras augmenté », était en voie d'essoufflement. Comme l'analysera ensuite l'économiste Robert Gordon, il fallut se rendre à l'évidence : la dynamique de croissance qui allait de pair avec la diffusion de l'électricité ou du moteur à explosion parvenait à son terme[1].

Pour reprendre une formule de Galbraith dans son *Affluent Society*, les Trente Glorieuses furent une période au cours de laquelle l'augmentation de la production tint

1. *The Rise and Fall of American Growth*, Princeton University Press, 2017.

lieu de redistribution. Les syndicats ouvriers étaient les instruments de la régulation du système, davantage que les gouvernements. Avec la crise, les bastions ouvriers où le pouvoir syndical était le plus fort se mirent à fermer les uns après les autres. La classe ouvrière était en train d'être décapitée. L'île Seguin à Billancourt, symbole de la forteresse ouvrière, la sidérurgie lorraine, les mines du Nord furent fermées à la fin des années soixante-dix et dans les années quatre-vingt. Des régions entières, en Europe ou aux États-Unis, dédiées à l'industrie, allaient disparaître. En France, le Nord, région du textile, des charbonnages, était saigné par la désindustrialisation. Aux États-Unis, un film de Michael Moore, intitulé *Roger et moi* (du nom du patron de General Motors Roger Smith), fera le portrait d'une ville ouvrière du Michigan, Flint, dont il était lui-même issu, dévastée par la crise de l'industrie automobile, où les nouveaux emplois ne sont plus d'ouvriers mais de gardiens de prison.

La désindustrialisation est un phénomène complexe, qui agrège plusieurs facteurs. L'industrie a été, en quelque sorte, victime de son propre succès. Comme l'agriculture auparavant, les gains de productivité qu'elle a générés ont fini par la rendre inutile. En réduisant ses coûts de fabrication, l'industrie a permis une baisse des prix qui a d'abord joué en sa faveur. Lorsque les voitures ou les montres électroniques deviennent bon marché, tout le monde peut y avoir accès. Cette tendance solvabilise la demande et soutient la production. Mais quand tout le monde a une voiture, lorsque les taux d'équipement se rapprochent de 100 %, la hausse de la productivité rend moins nécessaire d'embaucher. La baisse des prix continue de stimuler la demande, mais moins vite que la hausse de la production. Selon l'étude de Lionel Fontagné et Hervé Boulhol[1], le point de basculement à partir duquel ce processus a joué en défaveur de l'emploi industriel aurait été atteint dans la France des années soixante. Passé ce point critique, l'industrie perd des effectifs à mesure qu'elle devient plus productive : l'effet prix qui soutenait la demande de biens industriels ne suffit plus à maintenir l'emploi. Une étude de Rowthorn et Ramaswamy a obtenu le même résultat pour les États-Unis[2].

Le déclin de l'industrie signe celui du monde social qu'elle avait fabriqué à son image. Avec elle disparaît aussi une société liant, de manière certes rigide mais solidaire, les dirigeants d'entreprise et les ouvriers à la chaîne, en passant par les ingénieurs et les contremaîtres. Ayant épuisé les gains de productivité qu'avaient offerts l'électricité et le moteur à explosion, le capitalisme allait devoir se réinventer. Durant l'immense période d'incertitudes qui s'ouvrait, la promesse d'augmentations salariales laissait place à la menace du licenciement et du chômage et le bâton allait remplacer la carotte.

L'adieu au prolétariat

Le déclin de l'industrie allait entraîner la fin des espérances mises sur la classe ouvrière, que la critique

1. « Deindustrialisation and the Fear of Relocations in the Industry », CEPII, 2006.

2. « Growth, Trade, and Deindustrialization », IMF Working Paper, n° 60, 15 février 2006.

sociale avait placée à l'avant-poste de la transformation du monde. En France, l'élection de François Mitterrand en 1981 avait été portée par une idée simple, exprimée par Georges Séguy, le secrétaire général de la CGT, la plus grande centrale syndicale à l'époque : « Lorsque la sidérurgie aura été nationalisée, expliquait-il, il n'y aura plus à craindre la perte d'emplois dans le secteur, car les ouvriers seront protégés comme les fonctionnaires. » Il existe pourtant des forces économiques plus puissantes que les meilleures volontés. La gauche au pouvoir, à son corps défendant, deviendra la gestionnaire de la crise industrielle. Malgré les promesses du candidat de sauver la sidérurgie, Mitterrand, devenu président, devra se résoudre à l'abandonner. Les ennuis de la gauche française avec le peuple des usines remontent à ce moment charnière.

Sur le terrain intellectuel, la classe ouvrière perdra aussi de son aura avec la montée de l'aspiration écologiste. La contradiction entre la critique artiste, aspirant à un monde postmatérialiste, et la critique sociale, affirmant la primauté du mouvement ouvrier, deviendra patente. Dès 1980, le théoricien de l'écologie politique André Gorz publie *Adieux au prolétariat* qui dénonce avec une certaine rudesse les malentendus passés. « Le dépassement du capitalisme, sa négation au nom d'une rationalité différente ne viendra pas du prolétariat, écrit-il. La crise des systèmes industriels n'annonce aucun monde nouveau. Aucun dépassement salvateur n'y est inscrit. »

La cible de Gorz est l'analyse de Marx selon laquelle le prolétariat constitue une force révolutionnaire du fait même de son aliénation. Pour Marx, en effet, « il faut que le travailleur soit dépouillé de tout pour que sa puissance apparaisse comme source du monde et de l'histoire[1] » ! Marx oppose la situation de l'ouvrier à celle de l'artisan. Ce dernier est certes aliéné lorsqu'il vend le produit de son travail, disons une chaussure, parce que le prix et la quantité des biens que lui dictera le marché lui échappent entièrement. Mais lorsqu'il fabrique la chaussure elle-même, il reste maître de la fabrication de son œuvre, il peut se croire libre. Pour Marx, c'est justement cette souveraineté limitée, bornée, qui l'empêche d'atteindre l'universel, contrairement au prolétariat industriel. Par un extraordinaire détour, conclut ainsi Gorz, « l'idéologie du mouvement ouvrier perpétue et, le cas échéant, parachève, l'œuvre commencée par le capitalisme : la destruction des capacités d'autonomie des prolétaires. La négation de la négation du travailleur par le capital ne produit aucune affirmation ».

Selon Gorz, le développement du capitalisme n'a nullement préparé au développement d'une autre rationalité. Le capitalisme a ôté le désir ou le pouvoir de réfléchir aux besoins « véritables » de chacun, de débattre avec les autres des meilleurs moyens de les satisfaire et de définir souverainement les options de vie qui pourraient être explorées. « Nous avons besoin d'expérimentation sociale, conclut-il, de nouvelles manières de vivre en communauté, de consommer, de produire et de coo-

1. Marx tient toutefois dans les *Grundrisse*, un texte moins connu que *Le Capital*, un discours différent. Il croyait, soulignera Gorz, que « l'ouvrier polytechnique mû par le perfectionnement des techniques de production et leur automatisme allait supprimer le travail non qualifié et ne laisser subsister que des travailleurs techniques de niveau élevé, ayant une vue globale des processus technico-économiques et capables d'autogérer la production ».

pérer. L'alternative au “système” n'est ni le retour à l'économie domestique et à l'autarcie villageoise, ni la socialisation intégrale et planifiée de toutes les activités : elle consiste, au contraire, à réduire au minimum en la vie de chacun ce qui doit être fait nécessairement, que cela plaise ou non, et à étendre au maximum les activités autonomes. » C'est exactement ce que tentèrent ceux qui firent l'expérience de la vie en communauté, pour inventer, sans attendre la révolution, une société authentique. Leurs désillusions ne seront pas moindres que celles des étudiants partis s'établir en usines.

La chasse au bonheur

Dans le journal *Libération* d'avril 1971, on a pu lire cette petite annonce : « Vivre avec d'autres à travers des rapports authentiques, dans une communauté rurale en étroite relation avec le milieu urbain, les autres communautés, les voisins, vivant d'une activité agricole mais aussi de tout ce qu'on voudra (autogestion). Responsabilité collective et éducation non directive des enfants, en liberté sexuelle complète, contestant à partir de la vie quotidienne les bases d'une société dont nous fuyons les aliénations, l'hypocrisie, l'isolement, la misère... » Bernard Lacroix, qui cite cette annonce dans un livre écrit au scalpel, *L'Utopie communautaire*, ajoute : « Ils savent surtout ce dont ils ne veulent pas : l'embrigadement, professionnel ou partisan[1]. » Ils sont résolus à vivre ensemble une vie différente de celle que leur propose la société dont ils sont issus. Aucun n'a prévu, assure Lacroix, « les risques de cette vie collective, de ce tête-à-tête permanent, hommes et femmes mêlés ». Mais qui le leur reprocherait ? ajoute-t-il aussi.

1. Bernard Lacroix, *L'Utopie communautaire. Mai 68, histoire sociale d'une révolte*, PUF, 1982.

Comme l'écrivent Roger-Pol Droit et Antoine Gallien, « le mois de mai leur avait donné envie d'autre chose, son échec les a définitivement déçus. La communauté est devenue leur seul espoir[1] ». Aux États-Unis, le mouvement des hippies, né en grande partie de l'opposition à la guerre du Vietnam, a connu la même trajectoire. Nombre de jeunes partis mener une vie « authentique » en marge de la société firent une expérience amère de ce monde en vase clos. René Lévy, le fils de Benny Lévy qui fut l'un des leaders de la Gauche prolétarienne, évoquera, dans ses confidences à Virginie Linhart, « cette difficulté pour un enfant de supporter la liberté des mœurs dont nous étions les témoins involontaires, ce spectacle offert de la nudité des adultes. La communauté, ce n'est pas un bon souvenir. Ce sont mes premiers souvenirs d'angoisse ».

Plusieurs obstacles vont se présenter en travers de cette route fléchée vers le bonheur. L'autarcie économique, tout d'abord, se révèle un idéal difficile à réaliser. Il faut pouvoir payer l'électricité, l'outillage, un véhicule. Plusieurs possibilités s'offrent. Ils peuvent notamment mettre en commun tout ou partie de leurs ressources monétaires. Lorsque certains d'entre eux vont travailler en dehors, ils doivent néanmoins travailler tout autant que les autres au sein de la communauté lorsqu'ils y sont présents : accomplir les tâches « ménagères », qu'il s'agisse de contribuer à l'entretien du « capital » de la communauté (charpente, réparations...) ou aux travaux collectifs propres à la vie interne (cuisine...).

1. Roger-Pol Droit et Antoine Gallien, *La Chasse au bonheur. Les nouvelles communautés en France*, Calmann-Lévy, 1972.

L'amour n'échappe pas à ce grand questionnement. Pour l'un des personnages cités par Lacroix, « nous n'avons jamais dit que nous voulions détruire les couples ou les relations entre enfants et adultes. Simplement, nous voulons détruire la conception bourgeoise du couple et de la famille, autoritaire et répressive ». Pour autant, comme le dira un humoriste, « les formules d'association entre l'homme, la femme et l'enfant ne sont pas très variées dans la pratique »[1]. Il faut choisir entre l'amour libre et l'amour privatif. Pour beaucoup, ce ne fut pas simple. Lacroix raconte ainsi la souffrance de Marc, lorsque Yvonne est restée quatre heures avec Pierrot. « Le choc pour Marc fut rude. Il y a dix ans qu'Yvonne et lui sont mariés et fidèles l'un à l'autre. » « Marc était vraiment blessé… Personne n'est bien et nos rapports avec les autres ne sont plus les mêmes », dira Yvonne. Les choix conjugaux oscillent entre deux pôles : soit le couple légalement marié perdure comme tel au sein de la communauté, soit la sexualité collective s'installe. Alternative qui se redouble pour les enfants : ou l'éducation est assurée par la famille biologique, ou elle est véritablement collective.

Entre ces deux extrêmes, les communautés de soixante-huitards feront l'expérience d'un continuum de situations. À un bout se développera un modèle à « communautarisation faible », où le travail de sub-

1. De plus, rares sont les communautés où le sex-ratio est équilibré. « Le plus souvent, le nombre de garçons excède très largement celui des filles ; de là concurrence, chicanes, disputes et rivalités. »

sistance se fait à l'extérieur de la communauté, où les couples et les relations parentales « traditionnelles » sont maintenus. La communauté est alors réduite à offrir un cadre social d'existences partagées. À l'autre extrême, se mettra en œuvre un modèle « communiste », où l'autarcie économique, la socialisation de l'éducation des enfants sont totales, et la sexualité elle-même collective.

Bien vite, quel que soit le modèle choisi, l'enthousiasme de l'été laisse place à la déception de l'hiver. « Partir, le grand rêve et le grand refus, le trip, le pied… Le soleil, tu vois, avec des gens sympas : vivre d'une manière chouette, loin de la ville, sans la contrainte d'aller bosser tous les jours. » Dans son cahier, en date du 26 juillet 1971, l'un d'entre eux note aussi : « La fête d'hier soir a dépassé en intensité musicale, gestuelle et amoureuse tout ce qu'on a pu vivre ou créer collectivement jusqu'à maintenant. » Mais dans le même journal, daté du 19 janvier 1972, le ton n'est plus le même : « Il fait très froid… Moi je ne marche plus ! J' suis pas fait pour une vie de moine !…. Je n'ai pas envie de m'enfermer avec des animaux… Il y a plein de trucs à voir ailleurs et je ne veux pas m'en couper. » À partir d'un certain moment, « tout se passe comme si les communards se connaissaient trop entre eux pour pouvoir encore se supporter ». Au terme du parcours, il ne reste plus que la rixe ou les coups pour régler les différends pratiques. « On est en vase clos, on est coupés du reste. Pour moi cette coupure est un échec », confesse l'un de ceux que Roger-Pol Droit et Antoine Gallien ont interrogés.

Tout avait commencé par la fuite hors du monde pour vivre en communauté. Tout finit par la fuite de la communauté devenue invivable. Comment comparer cet échec à la réussite immémoriale des communautés villageoises ou monacales ? Tout sépare en fait le village et la communauté post-68. Le premier se définit par un passé, ses traditions et ses usages. L'expérience du regard collectif est acceptée par ceux qui ne connaissent rien d'autre depuis leur plus tendre enfance. À l'inverse, la communauté reste, pour les membres qui la constituent, une « option ». « Son caractère de fondation la prive de l'essentiel : la durée, constitutive des rapports sociaux villageois. »

Le couvent, le monastère, ont montré qu'il était possible de vivre selon un tel idéal, alors même qu'on n'y est pas né. Quel est leur secret ? Ces communautés sont ouvertes comme celles de 68, mais les jeunes impétrants doivent faire au préalable la démonstration de leur vocation. Alors que le village sanctionne a posteriori les déviants, le monastère sélectionne rudement les nouveaux venus. « La communauté est un groupe instable qui ne possède pas les moyens effectifs de son programme », analyse Lacroix. Elle est ouverte à l'entrée et à la sortie. Ses membres savent qu'ils ont la liberté d'en sortir.

Les enfants du rêve

Le kibboutz offre un autre exemple d'une vie en communauté fondée sur un idéal d'authenticité. Arrivés en Palestine entre 1904 et 1914, les premiers immigrants qui fuyaient les pogroms de l'Empire russe ont rêvé d'y créer un homme nouveau, un « nouveau juif », retrouvant une dignité hors du ghetto. L'un de ses pionniers fut Aharon David Gordon, également inspiré par Tolstoï et sa foi dans les vertus de la vie à la campagne. Le psychanalyste Bruno Bettelheim a consacré à cette aventure un livre intitulé *Les Enfants du rêve*, qui donne une formidable plongée dans ses ressorts économiques et psychiques.

Dans le domaine économique, la révolution du kibboutz est radicale. Tout appartient à la communauté. La personne qui y entre remet tout ce qu'elle possède et si elle en sort elle ne reprend rien. Le kibboutz doit son prestige au fait qu'il a créé un bloc contre l'adversité. « Les kibboutzniks deviennent de véritables bastions défensifs symbolisés par la tour de guet et la palissade, emblématiques du combat sioniste. » Les arrivants clandestins trouvent souvent à s'y dissimuler. L'idéal de la vie de pionnier est aussi une réaction contre la vie traditionnelle. « La salle à manger commune est une expression de révolte contre la structure de la famille juive. Le repas de famille dans le ghetto était un sacrement psycho-religieux. Le père s'asseyait au bout de la table et prononçait la bénédiction, la mère avait passé une partie de son temps dans la préparation méticuleuse du repas, et les enfants rangés autour de la table étaient les témoins de la continuité de la tradition juive. » Le kibboutz offre aux femmes le moyen de s'arracher à ces traditions, au rôle écrit pour elles dès l'enfance, celui de la mamma juive[1].

---

1. Selon une femme citée par Bettelheim : « N'ayons pas peur des mots, le kibboutz n'a pas été édifié pour les enfants mais pour nous rendre libres. » Bettelheim analyse finement la manière dont la culpabilité a été endiguée. Les femmes qu'il a rencontrées n'ont cessé de lui répéter que le kibboutz est le meilleur environnement possible pour les enfants.

Mais les années ont passé, au kibboutz aussi. Le « surmoi » du pionnier, face à l'adversité, s'est affaibli, une fois gagnée la guerre de l'indépendance. Le modèle de vie communautaire s'est délité, lorsque le désir de rupture avec la vie du ghetto est devenu lointain. Le rôle de la télévision qui a partout contribué à privatiser les vies a également rongé l'espace commun du kibboutz. Après leur service militaire (qui dure trois ans), les jeunes partent souvent à l'étranger et ne sont pas toujours enclins à revenir. La décision de payer leurs études supérieures (qui coûtent cher en Israël) appartient au kibboutz, pas aux parents, ce qui crée des frustrations croissantes chez ceux-ci.

Pour survivre, les kibboutz se sont progressivement privatisés, rémunérant leurs membres selon des grilles de salaires reflétant leurs qualifications, faisant payer une part croissante du coût de fonctionnement de la communauté (y compris la cantine). Il ne resterait aujourd'hui qu'une soixantaine de kibboutz « traditionnels ». Les autres se sont transformés en résidences périurbaines. Les enfants vivent sous le toit des parents, la cantine est payante, la propriété privée a été réintroduite. La plupart des maisons des enfants, où les mamans conduisaient leur bébé dès leur sortie de la maternité, ont complètement disparu à la fin des années quatre-vingt. Le gouvernement Begin, soutenu par les familles venues d'Afrique du Nord, a coupé les subventions, qualifiant ses habitants de « millionnaires avec piscine », préférant financer les implantations en Cisjordanie, dans les territoires occupés. Et, comble d'ironie tragique, certains kibboutz ont été ruinés par les spéculations financières de leurs dirigeants, dupés par l'espoir naïf de résoudre leurs difficultés grâce à la Bourse, qui ne firent qu'accélérer leur déclin économique et moral.

D'un échec l'autre

Ces expériences ont finalement dévoilé les limites de l'illusion hippie d'un monde fondé sur la simplicité biblique de communautés villageoises. La question économique, tout d'abord, est apparue plus compliquée que prévu. Être un agriculteur exige des investissements, des matériels qui obligent à recourir au marché et rendent l'autarcie économique impossible. La solution, qui s'est souvent imposée, consiste à envoyer à l'extérieur des membres de la communauté, notamment dans les pays en voie de développement, avec le risque que leur retour devienne impossible, comme pour les immigrés eux-mêmes. Mais une autre limite, culturelle, est également apparue. L'homme moderne ne tient pas en place. Il a besoin de jouer plusieurs rôles : au foyer, à l'usine, dans un bar, bref de fuir la finitude de la vie humaine, en essayant d'en vivre plusieurs à la fois. L'espace restreint où les communautés ont mis en place l'existence sociale de leurs membres a rendu périlleuse l'expérience de la pluralité. « C'est une caractéristique fondamentale des sociétés modernes, note le sociologue américain Erving Goffman, que l'individu dorme, se distraie et travaille en des endroits différents, avec des partenaires différents, sous des autorités différentes, sans que cette diversité d'appartenance relève d'un plan d'ensemble. » Le repli communautaire casse la possibilité de ces jeux de rôles. L'absence d'espaces et de mécanismes sociaux de dissimulation devient pesante. Comme le conclut Bernard Lacroix, « d'entrée de jeu le regroupement communautaire astreint sans échappatoire à l'apprentissage d'une nouvelle forme de sociabilité, caractérisée par la fausse familiarité, l'ostentation et l'enthousiasme ».

La finitude de la vie villageoise est trop pesante pour une jeunesse qui a connu le cinéma et la télévision. Vouloir vivre d'autres vies que la sienne, faire l'expérience de communautés plus larges et diverses, affranchies des limites physiques et matérielles des communautés traditionnelles, toutes ces aspirations vont façonner l'imaginaire des générations suivantes, avec l'irruption irrépressible des « réseaux sociaux ».

Dérives meurtrières

Le 9 mai 1978, dix ans presque jour pour jour après le déclenchement de Mai 68, l'utopie libertaire de Mai basculait dans la violence. Ce jour-là, le corps de l'homme politique italien Aldo Moro fut découvert dans le coffre d'une voiture. Il avait été enlevé cinquante-cinq jours plus tôt par les Brigades rouges, organisation d'extrême gauche revendiquant la lutte armée. Moro, président de la Démocratie chrétienne – le parti politique qui gouvernait sans interruption l'Italie depuis la fin de la Seconde Guerre mondiale –, avait été l'artisan de ce qui devait être le « compromis historique » entre le parti démocrate-chrétien et le Parti communiste italien, les deux forces les plus importantes de la vie politique italienne : l'Église et le Parti communiste[1].

Leonardo Sciascia a écrit un texte émouvant sur cet épisode tragique de la vie politique italienne. Il a repris les lettres de Moro, retraçant ses attentes, ses espoirs

1. Le parti démocrate-chrétien continuera toutefois de l'emporter électoralement sur le PC, rendant inutiles les manœuvres de Moro et de Berlinguer, le secrétaire général du Parti communiste, pour préparer une grande coalition.

et les désillusions qu'il subit en comprenant qu'il a été abandonné par ses pairs. Ce récit nous plonge au cœur du désarroi des années soixante-dix, lorsque la rage de Mai 68, faisant l'expérience de ses limites, a basculé dans la violence meurtrière[1].

Au cours de sa captivité, Moro avait adressé plusieurs lettres au ministre de l'Intérieur, au pape et à ses amis parlementaires. Un front uni du refus les avait accueillies. L'État italien a exclu de transiger avec les ravisseurs. Le pape lui-même, Paul VI, esquivera la question, appelant à prier pour le président Moro.

La première lettre que Moro avait envoyée était la plus curieuse, totalement détachée de la situation réelle. Elle était adressée à sa femme. « Ma très chère Noretta, je désire te faire part en ce jour de Pâques, à toi et à tous, de mes vœux les plus fervents et les plus affectueux, avec toute ma tendresse pour la famille et le petit en particulier. Rappelle à Anna que j'aurais dû la voir aujourd'hui. Je prie Agnese de te tenir compagnie la nuit. Mais je vais assez bien, bien alimenté et assisté avec sollicitude. Je vous bénis, vous envoie mille choses affectueuses à tous et vous embrasse très fort. Aldo. »

Puis vint la lettre adressée au ministre de l'Intérieur, Francesco Cossiga. « Cher Francesco, tout en t'adressant un salut affectueux, je suis amené par les circonstances à développer devant toi, en tenant compte de tes responsabilités (qu'évidemment je respecte), quelques considérations lucides et réalistes. [...] Le sacrifice des innocents, au nom d'un principe abstrait de légalité, alors qu'un indiscutable état de nécessité devrait engager à les sau-

1. Leonardo Sciascia, *L'Affaire Moro*, Grasset, 1978.

ver, est inadmissible. Tous les États du monde se sont comportés de manière positive, sauf Israël et l'Allemagne, mais pour l'affaire Lorenz. Et qu'on ne dise pas que l'État perd la face parce qu'il n'a pas su ou pu empêcher l'enlèvement d'une haute personnalité qui signifie quelque chose dans la vie de l'État. »

Le 18 mars parvint une photographie de Moro, tenant entre les mains un journal attestant de la date où elle avait été prise, avec en fond le drapeau des Brigades rouges. Moro y apparaît avec la même expression « de lassitude, de langueur, et cet éclair d'ironie dans un brouillard d'ennui [...]. Entre yeux et lèvres, on entrevoyait un éclair d'ironie ou de mépris : mais aussitôt voilé par cette lassitude, par cet ennui. Il y a des siècles de sirocco, avait-on dit, dans son regard. [...] Il est l'incarnation du pessimisme méridional », c'est-à-dire cette conviction que « chaque chose, chaque idée, chaque illusion – même les idées et les illusions qui semblent mener le monde – filent vers la mort : sauf la pensée de la mort, l'idée de la mort, qui, elle, ne meurt jamais ».

Aucune réponse ne vint. L'ultimatum des BR fut alors annoncé. « La mise en liberté du prisonnier Aldo Moro ne peut être prise en considération que par rapport à la libération des prisonniers communistes. Une réponse claire et définitive est attendue dans les quarante-huit heures. » Moro comprit que son sort était scellé. Passé l'ultimatum, il rédigea une dernière lettre : « Je demande qu'à mes funérailles ne participent ni autorités de l'État ni hommes de partis. Je demande à être suivi par les rares personnes qui m'ont vraiment aimé et sont ainsi dignes de m'accompagner de leurs prières et de leur amour. »

La montée de la violence

L'assassinat de Moro marque le paroxysme de la violence politique en Italie. On a appelé « années de plomb » la décennie mortifère des années soixante-dix. Elles culminent avec l'assassinat de Moro mais ne s'y limitent pas. Plusieurs autres moments tragiques se succèdent, tel l'attentat de la gare de Bologne en 1980, par des militants d'extrême droite, qui fera 85 morts et plus de 200 blessés. L'extrême gauche, quant à elle, a multiplié les tirs de mitraillette visant les jambes des personnalités qu'elle voulait intimider.

Les anciens membres de l'Axe – Allemagne, Italie et Japon – sont ceux où la violence de Mai 68 a été la plus sourde. Henri Weber note que ce sont les trois pays où le conflit entre parents et enfants a été le plus rude. La France a échappé pour l'essentiel à la montée de violence radicale qui a saisi l'Italie. Le groupe Action directe fait exception. Il est responsable de l'assassinat de deux personnalités, le général Audran, chargé des achats au ministère de la Défense, et le patron de Renault, Georges Besse (les membres d'Action directe entendaient apparemment décliner l'alphabet). Pour Hervé Rotman, l'explosion de violence a été finalement évitée en France parce que « le groupe dirigeant de la Gauche prolétarienne a décidé de mettre fin à une organisation qui était à deux doigts de glisser de la violence symbolique – mais bien réelle – à la violence armée. Je crois que ses dirigeants ont fait, pendant des mois, un important travail d'explication pour empêcher que les militants ne se fourvoient dans l'irréparable… Les groupes d'extrême gauche les plus puissants, la Ligue communiste [révolutionnaire] de Krivine ou la Gauche prolétarienne de Benny Lévy, ont canalisé et endigué une violence spontanée et individuelle qui aurait pu s'exprimer par les armes ».

La violence politique qui se manifeste dans les pays avancés n'est pas réservée à des groupes gauchistes égarés dans une idéologie mortifère. Elle est l'ombre portée d'un phénomène beaucoup plus général. Tout au long des années soixante et soixante-dix, le nombre des homicides explose dans la plupart des pays riches, multiplié par un facteur 2,5 aux États-Unis et en Europe. Le Canada suit le même mouvement, partant de plus bas. La comparaison entre le Canada et les États-Unis est fascinante. Les deux pays sont dans un rapport de 1 à 3 en matière d'homicides. Aux États-Unis, la violence est en partie héritée du Sud, raciste et violent, et de la prise de possession de la frontière Ouest par des cow-boys sans foi ni loi. Le Canada est historiquement beaucoup moins violent parce que la Police montée a pacifié la frontière avant que les colons ne s'y installent. Le Canada a toutefois subi au cours des années soixante la même multiplication des actes violents que les États-Unis.

Steven Pinker, professeur de psychologie à Harvard, a repris les analyses du sociologue Norbert Elias pour mettre en perspective cette évolution. Selon Elias, un « processus de civilisation » s'est mis en œuvre à partir du XVIIe siècle en Europe, qui allait progressivement éradiquer la violence privée. Dans *The Better Angels of Our Nature*, il montre que la criminalité européenne a été réduite d'un facteur 50 entre le XVIIe siècle et aujourd'hui. Le XVIIe siècle est la période au cours de laquelle le continent européen parvint au paroxysme des guerres de religion. C'est après les atrocités commises durant cette période que l'État finit par acquérir le « monopole de la violence légitime » auprès d'une population épuisée par les guerres et les meurtres. Les violences ne disparaîtront pas pour autant. Comme le montre Robert Muchembled, elles migreront progressivement d'un front à un autre, vers la violence conjugale, d'un côté, et les guerres « légitimes » contre les pays étrangers, de l'autre, dont l'État lui-même ne se guérira que beaucoup plus tard[1].

Pourquoi la violence civile a-t-elle connu une telle recrudescence dans les années soixante ? Selon Pinker, un processus de « décivilisation » s'est mis en œuvre au cours de cette période. Le self-control, la domestication des passions qui a été au cœur du processus décrit par Elias, régresse. L'éloge de la spontanéité, la dénonciation des mœurs bourgeoises font partie du credo de l'époque. Au début du film *Easy Rider*, Peter Fonda et Dennis Hopper jettent ostensiblement leurs montres. Le groupe rock Chicago Transit Authority ajoutait : « Does anybody really know what time it is ? Does anybody really care ? » La spontanéité, la dénonciation des inhibitions, l'éloge des passions, deviennent des vertus cardinales. Bob Dylan écrit : « Well, I try my best/ to be just like I am/ But everybody wants you/ to be just like them. » *Do It* est le titre d'un livre de Jerry Rubin, l'un des penseurs américains de l'époque. Selon le sociologue Cas Wouters, une culture de l'informalité est en train de remplacer les normes de la société bourgeoise. La drogue, dont l'usage augmente exponentiellement, contribue aussi à la

1. Robert Muchembled, *Une histoire de la violence*, Le Seuil, 2010.

montée d'une violence nourrie par le banditisme qu'elle fait prospérer[1].

Tout comme la Terreur sous Robespierre avait fait dérailler la Révolution française, la violence criminelle des années soixante-dix a fini par abîmer la contre-culture des sixties. C'est elle qui allait, pour partie, déclencher la contre-révolution conservatrice, annoncée comme un retour à l'ordre moral tout autant que comme une solution à la crise économique. Il faudra attendre les années quatre-vingt-dix pour que la violence baisse à nouveau, mais ce ne sera pas du fait de la révolution conservatrice.

1. La hausse du nombre de jeunes est un facteur également évoqué, les jeunes étant en moyenne plus violents que les adultes. Ses effets sont toutefois du deuxième ordre. À taux de criminalité des jeunes inchangé, la hausse aurait été modeste, de 13 %.

III.

La révolution conservatrice

Le film *The Deer Hunter* (*Voyage au bout de l'enfer*) a marqué son époque par une mise en scène brutale de la guerre du Vietnam, jamais montrée auparavant dans des films de guerre. La cruauté dont sont victimes les jeunes recrues, obligées de jouer à la roulette russe dans un camp de prisonniers, est insoutenable. Et pourtant, à la fin du film, le groupe d'amis, anéanti par la guerre, se retrouve dans un restaurant après les funérailles de l'un d'entre eux. En préparant une omelette, le chef sifflote l'hymne américain. Tous l'entonnent ensuite. Le patriotisme de ces jeunes gens, enfants d'immigrés russes, est intact. Le film se termine par un toast : « to Nick », leur ami disparu, celui qui a été au bout de l'enfer, psychologique et moral. Il fut interprété comme le signe avant-coureur de la révolution conservatrice.

La victoire politique de Reagan a été obtenue grâce au soutien des cols bleus américains, ces ouvriers d'usine dont font partie les personnages du film, restés patriotes jusqu'au bout. Phénomène invraisemblable que la gauche démocrate n'avait pas prévu et qui se reproduira partout dans le monde. Le sociologue américain Christopher Lasch a produit une somme intitulée *The True and Only Heaven. Progress and Its Critics*, dont le point de départ est de comprendre « cette réapparition inattendue de la droite, non seulement aux États-Unis, mais dans une grande partie du monde occidental. Qui aurait prédit, écrit-il, qu'au moment où le XXe siècle parvenait à son terme, ce serait la gauche qui battrait en retraite ? Le cours de l'histoire favorisait la gauche. [Chacun pensait] qu'une certaine forme de socialisme, tout au moins d'État-providence volontariste, remplacerait le capitalisme de marché ».

La nouvelle droite s'est hissée au pouvoir avec un mandat visant « non seulement à soustraire le marché aux ingérences bureaucratiques, mais destiné également à mettre un terme au glissement vers l'apathie, l'hédonisme et le chaos moral ». Reprenant indirectement les idées d'André Gorz, Lasch explique que la classe ouvrière ne partage nullement l'idée marxiste selon laquelle le salut du prolétariat exige qu'il soit dissous dans le travail abstrait de l'usine. C'est le rêve d'une existence indépendante, d'artisan ou de paysan, d'une autonomie, si partielle soit-elle, qui intéresse les classes populaires. C'est le refus de se perdre dans l'universel prolétarien vanté par Marx qui explique le ralliement des cols bleus au programme de Reagan. Comme les paysans de l'Ancien Régime qui rêvaient de devenir propriétaires de leurs terres, les classes populaires aspirent à sortir du salariat pour se mettre à leur compte.

Vingt ans après Kennedy, jeune et beau, figure christique de l'Amérique progressiste, Reagan, acteur à la retraite, revient sur le devant de la scène d'une Amérique décadente. Kennedy avait été élu à l'âge d'or de l'Amérique. Les indicateurs du bien-être américain avaient atteint des sommets qu'ils ne devaient jamais retrouver ensuite. Reagan, en 1964, avait soutenu la candidature de Barry Goldwater, candidat d'extrême droite, qui n'avait alors recueilli que 39 % des voix. Vingt ans plus tard, le vieil acteur réapparaît au plus fort de la crise. Le pays est embourbé dans l'inflation et le chômage. La guerre du Vietnam a porté le désespoir moral des Américains à son comble. *Taxi Driver* (film également interprété, comme *The Deer Hunter*, par Robert De Niro) saisit ce moment de tension extrême où la perte de sens habite l'Amérique. « Are the good times really over for good ? It was back when the country was strong... Before the Vietnam war came along... » (Merle Haggard, 1982, cité par Guy Sorman).

La force de Reagan a été de rassembler dans un même programme les classes populaires (blanches) et les élites de Wall Street. Il a fédéré ses partisans autour d'une idée simple : le travail est salvateur. Comme le dira vingt ans plus tard Nicolas Sarkozy, il faut travailler plus pour gagner plus. Ceux qui ne le font pas sont les victimes de leur propre indigence. S'opposant frontalement à l'État-providence, Reagan dénonce l'aide aux pauvres comme la cause de leur propre pauvreté. Chacun, aux États-Unis, comprend que « pauvre » veut dire ici « Noir »...

Le conservateur Allen Matusow, cité par l'essayiste Guy Sorman qui sera en France l'un des porte-drapeaux de la révolution conservatrice[1], demande : « Pourquoi 40 % des jeunes Noirs sont-ils au chômage alors que chaque année, un millier d'immigrants asiatiques, hispaniques ou venus des Caraïbes s'intègrent sans difficulté majeure dans le circuit économique ? » Thomas Sowell, lui-même afro-américain, analysant l'histoire des Noirs américains, écrivait ainsi : « Les Noirs gravissent l'échelle sociale selon les mêmes dispositions que les autres races. » Il note (comme le fera beaucoup plus tard Olivier Roy à propos des djihadistes) que la deuxième génération est « la plus tentée par la violence, parce qu'elle est coupée de ses racines et pas encore intégrée à la classe moyenne. Ainsi, le banditisme fut dominé par les juifs américains dans les années vingt, puis par les Italiens. Il l'est aujourd'hui par les jeunes Noirs ». Et de conclure : l'antisémitisme n'a pas empêché les juifs de s'enrichir, pourquoi le racisme empêcherait-il les Noirs de le faire aussi ?

Thomas Sowell et Walter Williams en déduisent qu'il faut abandonner la discrimination positive en faveur des Noirs si on veut les aider ! Selon eux, l'État-providence, le Welfare State, rend supportable la misère et l'entretient au lieu de la faire disparaître. Le néolibéralisme retrouve ici les accents du début du XIXe siècle, lorsque les lois en faveur des pauvres, les *Poor Laws* anglaises, avaient été dénoncées au nom des mêmes arguments[2] !

1. Guy Sorman, *La Révolution conservatrice américaine*, Fayard, 1983.

2. Dans un ouvrage intitulé *Deux siècles de rhétorique réactionnaire* (trad. française Fayard, 1991), Hirschman explique que c'est une caractéristique habituelle du discours conservateur que de dénoncer les effets pervers des mesures destinées à lutter contre les inégalités.

Selon le livre de George Gilder (*Wealth and Poverty*, *Richesse et pauvreté*), les subventions fédérales « enfoncent les Noirs dans une vie déjantée, en attendant la marée verte des chèques fédéraux ». Le livre sera un best-seller américain.

Charles Murray, dans *Losing Ground*, rajoutera une couche à ce raisonnement : les aides publiques engendrent « la dégénérescence morale » des classes populaires. Après « la bacchanale des sixties », Murray propose de retrouver les valeurs puritaines de l'Amérique profonde : « travail, abstinence, famille patriarcale ». Il reprend les thèmes de Gilder selon lesquels l'anarchie familiale des pauvres, entretenus par les aides sociales, inhibe l'envie de travailler, désunit la famille et érode la ferveur religieuse. Murray va plus loin encore dans *The Bell Curve*, coécrit avec Richard Herrnstein. Il avance l'idée que l'école ne profite pas aux pauvres parce que leur QI est trop bas pour leur permettre d'apprendre ! Plusieurs études remettront heureusement à leur place de telles absurdités. Une étude de Ashenfelter sur l'éducation montre ainsi que le QI ne permet absolument pas de prédire l'apport du système éducatif à un élève donné[1]. Murray explique aussi que les nations pauvres sont victimes du QI trop faible de leurs habitants, à l'instar des pauvres eux-mêmes dans les pays riches. L'un des pays aujourd'hui parmi les plus riches du monde, l'Australie, qui est aussi l'un des plus pacifiques, fut peuplé à l'origine par les repris de justice de l'Angleterre

1. Orley Ashenfelter, « Schooling, Intelligence, and Income in America : Cracks in the Bell Curve », *American Economic Review*, décembre 1994.

victorienne. Une théorie de la pauvreté fondée sur le QI et son hérédité aurait du mal à expliquer ce formidable changement de statut !

La détestation de l'État fédéral, dont le rejet de l'État-providence est l'une des modalités, n'est pas neuve. Elle est une constante de l'histoire américaine. Mais la crise économique lui donne une nouvelle actualité. Le mouvement lancé par Roosevelt dans les années trente, pour créer un État protecteur et prévoyant, est en train de refluer. Aux yeux des penseurs néoconservateurs, tel Irving Kristol, le New Deal a surtout profité aux « intellectuels, profs, éducateurs sociaux, qui font en réalité tourner l'État-providence à leur avantage propre. Ils méprisent les valeurs de la classe moyenne américaine : le labeur, la discipline, la morale, l'épargne, la propriété ».

En matière fiscale, le refus de l'État gronde dès les années soixante-dix. Il est parti de Californie, laquelle vote en 1973 la « Proposition 13 » bloquant un impôt sur la propriété. C'est l'époque où un certain Arthur Laffer dessine sur la nappe d'un restaurant de San Francisco une courbe sans autre contenu scientifique que le culot de son auteur. À 0 % d'impôt, l'État ne gagne rien, explique-t-il. Mais à 100 %, il ne gagne rien non plus puisque plus personne n'est incité à travailler. Les recettes de l'État ressemblent ainsi à un U inversé. Elles montent, puis décroissent en fonction de la fiscalité : trop d'impôt tue l'impôt. Cette théorie fera partie des arguments qui permettront à Reagan de baisser de 25 % l'impôt sur le revenu, provoquant un déficit abyssal des finances publiques. La théorie à la mode sous le mandat de Reagan sera celle du *trickle-down economics*, la théorie du ruissellement. Il faut laisser les riches s'enrichir, et les pauvres en profiteront davantage qu'en recevant des subventions financées par l'impôt.

La trahison des Lumières

Le succès auprès des classes populaires du programme de Reagan, alliant néolibéralisme économique et conservatisme moral, constituera un moment de bascule décisif de l'histoire politique du dernier demi-siècle. Il ira très au-delà des seuls États-Unis ou de l'Angleterre de Thatcher. La sociologue israélienne Eva Illouz notera ainsi le formidable parallélisme entre l'élection de Reagan et la prise de pouvoir, deux ans auparavant, de Menahem Begin en Israël[1].

L'Israël des premiers pionniers avait été celui des juifs ashkénazes, arrivés de Russie et de Pologne, avant et après la Seconde Guerre mondiale. Ils accueilleront ensuite les juifs séfarades venus d'Afrique du Nord – les mizrahim comme ils seront appelés –, avec la même « sollicitude », écrit Illouz, que les Français accueillirent les travailleurs immigrés durant les Trente Glorieuses… « Les sionistes ashkénazes cantonnèrent les mizrahim à des tâches subalternes, les hommes travaillant comme

1. In *L'Âge de la régression. Pourquoi nous vivons un tournant historique*, Éditions Premier Parallèle, 2017.

chauffeurs routiers, bûcherons, ouvriers, et les femmes comme femmes de ménage ou dans des usines. » Les mizrahim étaient considérés comme des « primitifs »… Leur religiosité était elle-même devenue une marque d'infériorité culturelle face aux ashkénazes, lesquels faisaient de la laïcité l'étendard de la modernité.

Begin s'adressa aux mizrahim pour combattre le parti travailliste, faisant de leur foi une valeur positive. Le même paradoxe que celui observé avec Reagan s'est mis en œuvre : alors que le Likoud libéralisait l'économie et persistait à privilégier les riches, les mizrahim, qui étaient économiquement parlant les victimes de cette politique libérale, n'ont cessé de le soutenir, parce qu'il leur offrait une reconnaissance de leur « israélité comme juifs ». Le même schéma s'observera partout. Dans *Le Procès des Lumières*, Daniel Linderberg note que le retour de l'hindouité en Inde s'est coulé dans le même moule, combinant la foi et le capitalisme[1]. Irving Kristol, l'un des chefs de file des conservateurs américains, résume le programme des néoconservatismes par le triptyque « religion, nationalisme et croissance économique ».

Les cycles moraux

Le retour de la pensée conservatrice dans les années quatre-vingt fut une immense surprise aux yeux des observateurs, si peu de temps après que les sixties eurent fait entendre des idées exactement opposées. Cet aller-retour n'est pourtant pas inédit. Déjà au tournant du XVIIIe siècle,

1. *Le Procès des Lumières*, Le Seuil, 2009.

au passage des eaux que représente la Révolution française, la même opposition s'était fait jour. Les Lumières avaient prôné un idéal d'autonomie et de liberté, avant la Révolution, un peu comme Godard et Truffaut avaient anticipé Mai 68. Mais ensuite, un retour de bâton avait eu lieu, avec la réaction thermidorienne, puis, après la chute de Napoléon, avec le retour de Metternich à Vienne et la restauration de la monarchie en France.

Le philosophe Robert Legros montre pourquoi ce mouvement de balancier peut s'interpréter comme un trait caractéristique du monde moderne. La pensée européenne, explique-t-il, s'est construite depuis le XVIIIe siècle sur l'idée qu'il n'existe pas de « nature humaine » au sens où il existerait une « nature animale ». L'homme est ce qu'il veut devenir. Mais de ce même point de départ, deux séries d'implications radicalement différentes ont été tirées. Pour les philosophes des Lumières, c'est dans l'« arrachement » aux traditions culturelles ou religieuses que l'homme devient authentiquement lui-même, quand il déchire le voile des conventions sociales. Pour Kant, l'idée qui sous-tend le projet des Lumières est de rendre l'humanité adulte, majeure, c'est-à-dire capable de penser, d'agir, de juger par elle-même. « C'est en se soumettant à une religion, à des usages et à des mœurs, à des habitudes et à des coutumes, bref à la tradition que l'individu renonce à son autonomie originelle. »

Pour les romantiques qui leur succèdent dans l'histoire des idées, c'est le projet des Lumières qui est en réalité déshumanisant. L'« autonomie » vantée par les Lumières, quand elle devient une fin en soi, est futile. Elle ne débouche que sur la recherche de besoins factices à satisfaire, que l'homme finit par croire « naturels » mais qui le rabaissent en fait au niveau animal. Parce qu'il n'y a pas de nature humaine, poursuivent les romantiques, l'humanité n'existe que dans les civilisations, religions, langues particulières qu'elle a créées. C'est l'arrachement – le fait de se soustraire à toute humanité particulière – qui est une aliénation.

Le romantisme invite ainsi à concevoir que l'universel ne s'accomplit qu'en se particularisant. L'universalité abstraite est une universalité vide. Le penseur de la réaction Joseph de Maistre le résume ainsi en 1795 : « J'ai vu dans ma vie des Français, des Italiens, des Russes ; je sais même, grâce à Montesquieu, qu'on peut être persan ; mais quant à l'homme, je déclare ne l'avoir rencontré de ma vie. » Christopher Lasch, presque deux cents ans plus tard, commentant la révolution reaganienne, reprend cette veine dans des termes presque identiques : « La capacité de loyauté [...] a besoin de se rattacher à des populations spécifiques, pas à un idéal abstrait de droits humains universels. Nous aimons des hommes et des femmes en particulier, pas l'humanité en général. Le rêve d'une fraternité universelle, parce qu'il repose sur la fiction sentimentale qui veut que les hommes et les femmes soient tous semblables, ne peut survivre à la découverte qu'ils sont différents. »

Les néoconservateurs qui fleurissent dans les années quatre-vingt se sont parfaitement moulés dans cette tradition, reprenant à leur compte le programme de Joseph de Maistre, de « combattre les Lumières avec les armes des Lumières ». Christopher Lasch ajoute : « Les sociétés basées sur les principes progressistes ont renoncé à tout objectif plus vaste au profit de la jouissance privée de la vie. Niant que la vie a d'autres significations, ou valeurs, ou possibilités, prônant les idéaux de l'individualisme, de la mobilité sociale et de l'épanouissement personnel, de plus en plus résumés au succès professionnel, les libéraux [la gauche] défendaient les plus défavorisés avec l'accent de la haute société. » Il oppose à cette apathie moderne « la vertu (chez les Anciens), comme la grâce (chez les chrétiens) [qui] permettait aux hommes de vivre avec la connaissance de la finitude, le poignant contraste entre l'absolu et le contingent, sans pour autant sombrer dans le désespoir[1] ».

L'Américain Allan Bloom participe au succès de la révolution conservatrice avec la publication d'un livre qui deviendra un best-seller : *The Closing of the American Mind*, en 1987[2]. Décrivant la situation des jeunes Américains dans les années soixante, lorsqu'il a lui-même commencé à enseigner, Bloom les présente comme des « jeunes gens qui n'ont jamais souffert d'appréhensions relatives au maintien de leur bien-être physique, comme celle dont leurs parents ont fait la pénible expérience pendant la Grande Crise économique. Élevés dans le confort, ils en escomptent un plus grand encore à l'avenir ». Les âmes des étudiants, ajoute-t-il, « lasses et désormais sans volonté, se sont trouvées privées d'intentions passionnées. Le tissu délicat de la civilisation, fait de la trame

1. Christopher Lasch ajoute aussi : « Ma propre confiance dans le pouvoir explicatif des vieilles théories commença à vaciller au milieu des années soixante-dix, moment où mon étude de la famille me poussa à questionner le programme de la gauche en faveur de la libération sexuelle, de l'accès des femmes au monde du travail et de l'assistance publique… »

2. Traduction française : *L'Âme désarmée, essai sur le déclin de la culture générale*, Julliard, 1987.

et de la chaîne des générations successives, s'est complètement effiloché, et les enfants sont encore élevés, mais ne sont plus éduqués[1] ». Les parents consacrent pourtant, toujours selon Bloom, la meilleure part de leur vie à leur progéniture. Mais si « la famille doit faire comprendre le prodige de la loi morale, qu'elle seule est capable de transmettre et qui lui confère un rôle particulier dans un monde consacré à l'utile, elle doit avoir foi dans la permanence de ce qu'elle enseigne ».

Comme le note Legros, le paradoxe politique de la contre-révolution « romantique » est qu'elle opère une subversion dans le domaine philosophique alors qu'elle est conduite sur le plan politique à un conservatisme radical. Elle est obligée de concevoir que la seule attitude légitime de l'homme moderne réside dans la soumission à sa propre tradition. Edmund Burke oppose ainsi la Révolution française au modèle anglais, où « les libertés sont un héritage inaliénable qui nous est venu de nos aïeux et que nous devons transmettre à notre postérité ». Le romantisme est une critique des Lumières, mais il est loisible de voir que les Lumières sont une critique (anticipée) du romantisme. Prendre les civilisations comme l'élément « naturel » de l'homme, c'est se cacher qu'elles ne se sont pas faites seules. Reconnaître par avance leur autorité, c'est nier la liberté de l'homme face à ses œuvres. L'oscillation entre le désir d'arrache-

1. Comme le disait Tocqueville, dans une démocratie, la tradition n'est rien de plus que de l'information. Avec l'explosion de l'information, la tradition est devenue superflue. L'un des corollaires est la perte du goût de la lecture dont Allan Bloom fera le constat dès la fin des années soixante : « La notion de livres considérés comme des compagnons de route leur est étrangère. »

ment et le besoin d'enracinement est inépuisable. Aucune synthèse n'est possible. Il faut constamment essayer l'une puis l'autre.

En combinant les théories de Legros et celles de Hirschman, il est possible de dessiner un type moral des sixties, qui surgit quand la croissance est forte et que s'exprime le désir d'émancipation, et un autre pour les années quatre-vingt, quand la récession dans le domaine économique déclenche le besoin moral de traditions et de protections. Malgré les espoirs que le retour de la croissance suscite dans les années quatre-vingt-dix, c'est toutefois une version profondément dégradée de cette oscillation qui se met cette fois en mouvement. Le balancier gauche-droite va se porter plus loin encore, vers l'extrême droite.

Kondratiev, mon amour (Illusions perdues 2/3)

La révolution conservatrice avait été provoquée, en grande partie, par la crise des années soixante-dix. Deux décennies plus tard, vers le milieu des années quatre-vingt-dix, la croissance revenait, illuminant à nouveau les pays avancés. L'optimisme renaissait ! En France, deux millions d'emplois ont été créés entre 1997 et 2000. Aux États-Unis, les articles se sont multipliés pour chanter les miracles de ce qu'on a appelé « la nouvelle économie », celle des nouvelles technologies de l'information et de la communication[1].

Pour de nombreux commentateurs, un nouveau « cycle de Kondratiev » était en train de surgir. Nicolaï Kondratiev, directeur du bureau des statistiques de Moscou lorsqu'il écrivit son article fondamental en 1923, est traduit en anglais en 1928. Dans sa grande étude *Business*

1. Stephen D. Oliner et Daniel E. Sichel, « The Resurgence of Growth in the Late 1990s : Is Information Technology the Story ? », *The Journal of Economic Perspectives*, vol. 14 n° 4, automne 2000. Pour les données françaises, Gilbert Cette, Simon Corde et Rémy Lecat, « Rupture de tendance de la productivité en France : quel impact de la crise ? », *Économie et Statistique*, 2017.

Cycles, Schumpeter lance alors l'expression « cycles de Kondratiev », pour caractériser la propension de l'économie à se répéter selon des cycles de cinquante ans environ. Dans sa terminologie, la phase A du cycle caractérise la période de croissance, et la phase B celle de récession (ou du moins d'un rythme significativement en retrait sur celui de la phase A). Chacune dure environ vingt-cinq ans, et le cycle complet, donc, cinquante.

Les cycles de Kondratiev ont donné le sentiment qu'une régularité de métronome était à l'œuvre entre les phases hautes et basses de l'activité économique. On a ainsi eu la phase haute de 1948-1973, la phase basse de 1974-1997. Un siècle plus tôt, selon les relevés de Kondratiev, il y avait eu une phase de croissance au cours de la période 1849-1873. Elle fut suivie d'une grande récession de 1873 à 1897, à laquelle succéda une nouvelle phase de croissance de 1898 à 1923 ! Et un siècle plus tôt encore, la phase A s'est échelonnée de 1790 à 1814, suivie d'une phase basse (un peu plus longue) de 1814 à 1848. Pour les tenants de Kondratiev, aucun doute n'était possible : nous entrions en 1998 dans un nouveau de cycle de croissance, destiné à durer jusqu'au milieu des années 2020… Chacun des cycles précédents avait été lié à la diffusion de nouvelles technologies : la machine à tisser, le chemin de fer, l'électricité. Celui-ci devait être le cycle de l'informatique.

Dans le domaine politique, un nouveau cycle semblait aussi en train d'être ouvert. Thatcher était remplacée par Tony Blair, et Reagan par Bill Clinton. En France, Lionel Jospin était nommé Premier ministre. Un cycle haut, à la Legros-Hirschman, se mettait en place. Lorsque la prospérité revient, le besoin de sécurité financière se relâche, un désir d'émancipation réapparaît. Les divorces, par exemple, augmentent avec la croissance économique. Il semble, à suivre une étude récente, que les femmes profitent de la reprise du marché du travail pour gagner une indépendance financière qui leur permette de mettre fin aux relations malheureuses[1].

L'économiste Benjamin Friedman a montré dans son livre *The Moral Consequences of Economic Growth* qu'il existe un formidable parallélisme entre les phases de croissance économique et l'essor des idées « progressistes ». Friedman a analysé les grandes vagues de la vie politique américaine et européenne, à l'aune du climat économique. Les périodes « progressistes » de la vie américaine sont presque toujours concomitantes d'une croissance forte, qu'il s'agisse de celle des années 1865-1880, puis de 1895 à 1919, ou du mouvement civique des années d'après-guerre. En France aussi, les périodes de croissance sont marquées par une intense activité réformiste : IIIe République, après-guerre. À l'inverse, les crises économiques voient l'essor des mouvements populistes : le boulangisme, l'Action française, la violence fasciste, Vichy, la montée du Front national surviennent avec la crise. En Allemagne, les phases d'expansion des droits civiques et sociaux (l'unité allemande ou les réformes de Willy Brandt) se produisent en période de croissance. La montée du nazisme dans les années trente ou la recrudescence des pulsions anti-immigrés s'observent au cours de sévères phases de récession.

1. Betsey Stevenson et Justin Wolfers, « Marriage and Divorce : Changes and their Driving Forces », *Journal of Economic Perspectives*, vol. 21(2), 2007.

La deuxième mort de Kondratiev

Hélas, le nouveau cycle de Kondratiev n'a pas tenu ses promesses. Le mouvement de balancier qui s'esquissait a déraillé très vite. Dès le début des années 2000, avant même la crise financière, la croissance marque le pas. En 2008, avec la faillite de la banque Lehman Brothers, une formidable onde de choc se propage à l'ensemble du monde. Tous les pays sont frappés à la fois. En 2009, la production industrielle et le commerce mondial chutent de plus de 20 %. Ce sont des chiffres que même les années trente n'avaient pas enregistrés en si peu de temps. La crise mettra dix ans à être purgée.

La crise financière n'a pas éclaté dans un ciel serein. Elle a été le produit de déséquilibres qui se sont accumulés dès le début de la révolution conservatrice. Le problème majeur auquel le Kondratiev nouveau s'est heurté est que la richesse n'a pas ruisselé ! Le *trickle-down* annoncé par Reagan n'a pas eu lieu. Le *Rapport sur les inégalités mondiales*[1], présenté par Thomas Piketty et ses coauteurs, a donné un formidable éclairage au processus qui s'est mis en place depuis presque quarante ans. Aux États-Unis, la part du revenu national captée par le 1 % le plus riche a doublé, passant de 10 % à 20 % du total. Ce qui est extraordinaire est que cet enrichissement se soit réalisé au détriment presque parfait des 50 % les plus pauvres. La part gagnée par ces derniers est en effet tombée de 20 % à 10 % du revenu global, dans une

1. Thomas Chancel, Thomas Piketty, Emmanuel Saez et Gabriel Zuckman, *Rapport sur les inégalités mondiales*, Le Seuil, 2018.

grande permutation avec celui des plus riches ! Cela veut dire aussi qu'en 1980, les plus riches gagnaient vingt-cinq fois plus que les plus pauvres. Ils gagnent désormais cent fois plus. Au cours des quarante dernières années, les 50 % les plus pauvres n'ont connu aucune progression de leur pouvoir d'achat. Aucun ruissellement n'a été observé. Lorsque la croissance ne profite qu'à 10 % de la population, il est clair qu'elle est fragile. Les pauvres doivent s'endetter pour tenir leur place dans la société. Aux États-Unis, la bulle immobilière les a encouragés à hypothéquer leurs biens, construisant une pyramide de crédits intenable. C'est cette bulle qui a éclaté avec la crise financière de 2007-2008, brisant prématurément la phase haute du cycle de Kondratiev.

Le nouvel esprit du capitalisme

Bien avant d'être une révolution technologique, la révolution conservatrice a surtout mis en œuvre une révolution financière. À partir des années quatre-vingt, les actionnaires ont repris la main sur la gestion des entreprises, enclenchant une immense remise à plat du capitalisme industriel. Le type d'organisation du travail qui prévalait après guerre, avec sa politique sociale et ses syndicats, a été remis en question. Les primes d'intéressement se sont substituées aux plans de carrière. La norme organisationnelle du nouveau « capitalisme actionnarial » a consisté à réduire l'activité des firmes à la seule part qui corresponde à leur savoir-faire, à leur « cœur de métier ». Tout le reste est laissé au marché. L'externalisation des tâches, la sous-traitance, est devenue la règle. Le modèle industriel de la grande firme intégrant en son sein tous les étages de la société allait exploser.

Alors que les syndicats poussaient à un modèle égalitariste en matière salariale, le nouveau monde a dissocié les différents segments de la société entre eux. Une étude de Richard Freeman et de ses coauteurs a montré que l'explosion des inégalités américaines s'expliquait entièrement par l'augmentation des inégalités entre firmes, plutôt qu'au sein de celles-ci[1]. Dans une entreprise des années cinquante et soixante, la cantine, le gardiennage, le nettoyage, la comptabilité étaient assurés par des salariés de l'entreprise. Avec l'externalisation – le recours accru à la sous-traitance –, plus aucun de ces services n'est produit en interne. Le prestataire de la firme externalisée ne bénéficie plus du statut et des grilles de rémunération de l'entreprise qui l'emploie. Dans le nouveau régime, on tend vers des entreprises qui rêvent d'être sans employés, un processus que rend possible la révolution des nouvelles technologies de l'information et de la communication. La mondialisation arrivant, élargissant la concurrence, offrant des mains-d'œuvre moins chères, va parachever ce mouvement. Mais comme la chronologie le montre, c'est bien la réorganisation interne du capitalisme qui a précédé la mondialisation.

Tout se passe comme si les nouvelles technologies avaient surtout permis aux entreprises de réaliser du

1. Richard Freeman, avec Erling Barth, Alex Bryson, James Davis, « It's Where You Work : Increases in the Dispersion of Earnings across Establishments and Individuals in the U.S. », *NBER*, n° 20447, 2014.

cost cutting, de la réduction des coûts. Comme le montre Philippe Askenazy, les premières firmes à faire l'objet d'une réorganisation sont les plus syndiquées, preuve que la cible est bien l'ancien compromis fordiste entre les syndicats et le management. La « productivité informatique » n'augmente dans une entreprise qu'à partir du moment où elle s'accompagne d'une remise en cause de l'organisation antérieure du travail[1]. L'informatique a permis de mener « scientifiquement » la chasse aux temps morts. Le cadre qui tape lui-même ses textes, l'employé de banque qui accomplit seul les tâches dévolues auparavant à plusieurs, le gardien de nuit d'un hôtel qui prépare la comptabilité du lendemain : autant d'exemples d'un monde « sans temps morts ». Des gains de productivité émergent, mais ils tiennent à un facteur primordial : l'intensification du travail. C'est au cours de cette période que *Le Culte de la performance*, pour reprendre le titre du livre d'Alain Ehrenberg, s'est imposé[2]. Pour Philippe Askenazy, c'est un « néostakhanovisme » qui a été remis à l'ordre du jour.

Comme le notent Boltanski et Chiapello, le « nouvel esprit du capitalisme » s'est souvent inspiré du langage forgé durant les sixties pour théoriser la remise en cause de l'ancien modèle tayloriste. En favorisant la polyvalence, l'aptitude à apprendre et à s'adapter à de nouvelles fonctions, le néomanagement s'est tourné vers ce qu'on appelle le « savoir-être » par opposition au « savoir-faire ». Comme le souligne toutefois Askenazy dans *Les Désordres*

1. Philippe Askenazy, *La Croissance moderne. Organisations innovantes du travail*, Economica, 2002.
2. Calmann-Lévy, 1991.

du travail, les travailleurs sont en réalité devenus à la fois plus autonomes *et* plus contraints[1]. Ils sont soumis à la cadence imposée par la demande du client, du donneur d'ordre. La culture du « juste à temps », importée du Japon, fait de la « satisfaction totale du client » la question essentielle. « L'arrivée d'un productivisme réactif qui s'annonçait comme un enrichissement, voire comme une forme d'émancipation par rapport au modèle tayloriste, s'est accompagnée en réalité d'une dégradation des conditions de travail et d'une intensification du travail. » L'augmentation des troubles psychiques est concomitante des problèmes physiques (telles les maladies musculo-squelettiques). Le stress est lui-même le résultat d'une injonction contradictoire majeure : « Fais vite et bien ! »

Tandis que les coûts salariaux font l'objet d'une formidable remise à plat, une immense orgie financière se produit au cours de la même période. Défiant la gravité, la Bourse a été multipliée par dix entre 1980 et 2000. Le président George W. Bush, en connaisseur, la résume d'une formule : « Wall Street got drunk. » Au cœur de la crise, le *Financial Times* cite une étude calculant les rémunérations des dirigeants des plus grands établissements financiers, durant les trois années qui ont précédé la crise des subprimes. Ils ont gagné quelque 100 milliards de revenus, laissant ensuite 4 000 milliards de pertes à la communauté… En très peu de temps, les managers, qui étaient alors des employés comme les autres, ont été sortis de leur condition salariale. Dans l'ancien monde industriel, ils n'auraient jamais osé augmenter leurs rému-

1. Philippe Askenazy, *Les Désordres du travail. Enquête sur le nouveau productivisme*, Le Seuil, 2004.

nérations sans que leurs subordonnés n'en bénéficient aussi. Dans le *cost cutting* général qui s'est mis en place, c'est devenu le contraire. Ils ont vu leurs destins et leurs rémunérations indexés sur la Bourse.

Dans son ouvrage classique *L'Éthique protestante et l'esprit du capitalisme*, publié en 1904, Max Weber avait expliqué que le capitalisme ne se caractérisait pas par l'avarice, ou l'envie d'argent. Si tel avait été le cas, il se serait développé au Moyen-Orient chez les marchands phéniciens, ou dans la riche Venise du commerce des épices. Or il est apparu en Angleterre, puis s'est développé aux États-Unis et en Europe du Nord. Si Weber reconnaissait que la cupidité (*greed* en anglais) constitue un des ressorts fondamentaux de l'activité humaine, il soutenait que le capitalisme tend à rationaliser cet appétit, construisant des rapports de confiance et de contrat, rééquilibrant l'ensemble avec des règles, des lois, une « éthique » de responsabilité. La restauration promise par la révolution conservatrice pouvait s'entendre comme un retour aux valeurs fondatrices, puritaines, du capitalisme. Elle a fait advenir le contraire : le triomphe de la cupidité.

DEUXIÈME PARTIE

LES TEMPS DÉGRADÉS

IV.

L'adieu du prolétariat

Au moment où triomphait le capitalisme débridé par la révolution conservatrice de Reagan et Thatcher, un nouveau spectre est revenu hanter l'Occident : le populisme. Il a remplacé dans ce rôle le communisme, lequel s'est effondré en 1989, lorsque l'impensable s'est produit avec la chute du mur de Berlin. Le communisme, religion laïque du monde industriel, disparaissait. Le philosophe Emmanuel Levinas écrivit qu'en supprimant « l'horizon d'une espérance séculière, [la chute du mur] avait profondément ébranlé les catégories de pensée qui soutenaient la réflexion politique. Car même si l'État soviétique était devenu le plus terrible de tous, il demeurait porteur d'une promesse de délivrance, d'un espoir de libération. Avec l'effondrement du système soviétique, notre rapport au temps se trouve mis en crise[1] ». Et c'est bel et bien le sentiment d'un monde privé de sens qui va très vite imprégner cette nouvelle période.

Commentant également la chute de l'URSS, le phi-

1. *Les Imprévus de l'histoire*, Fata Morgana, 1992.

losophe Peter Sloterdijk parle d'une « banque de la colère » qui a été brutalement mise en faillite. Vers qui le peuple pourrait-il se tourner, se demande-t-il, quand il sera en colère ? La réponse n'a pas tardé. Elle est venue des partis populistes qui ont fleuri ensuite. La « colère » des classes populaires a été, en partie, le produit du double échec de la gauche puis de la droite à prendre en charge leurs aspirations. La gauche a échoué à les protéger de la crise, donnant parfois l'impression de s'en accommoder, et la droite, élue sur un programme de restauration morale, les a sacrifiées sur l'autel de la cupidité. Les classes populaires ont pris de plein fouet la dissolution de la société industrielle, qui, malgré ses défauts, avait au moins cet avantage de créer un habitat social intégrateur. Le sociologue Max Schuler a élaboré une théorie du ressentiment, dont le populisme a été l'expression parfaite. Il l'analyse comme un phénomène spécifiquement moderne, intrinsèque aux sociétés où l'égalité sociale formelle entre les individus coexiste avec des différences spectaculaires en termes de pouvoir, d'éducation, de statut et de patrimoine, qui deviennent tout à coup insupportables quand on comprend qu'elles ne se réduisent pas.

Le terme « populisme » doit être utilisé avec précaution. Dans certains milieux, il se confond avec « populaire » et ne fait qu'exprimer le mépris des élites pour les masses. Historiquement, il a ses lettres de noblesse. En Russie, entre 1840 et 1880, le mouvement populiste (Narodniki) a été le fait d'enseignants, de fonctionnaires, de journalistes, qui ont lancé un mouvement d'éducation populaire dont la révolution de 1917 sera l'un des échos. Aux États-Unis, dans les années 1880, le populisme est né dans le monde des petits fermiers du Sud et de l'Ouest. Les paysans surendettés se sont retournés contre leurs banquiers, donnant lieu à une véritable insurrection agrarienne au cours des années 1870-1890. Le People's Party parvint à faire élire quelques sénateurs et exigea la nationalisation des chemins de fer, des télégraphes, des ressources naturelles, des banques… L'annulation des dettes a formé le cœur de ses revendications. Une dimension biblique s'ajoute parfois à cette demande : le jubilé, selon la Bible, prescrit que les dettes soient annulées tous les cinquante ans.

L'Amérique latine a longtemps été le laboratoire du populisme. D'aucuns pensent d'ailleurs que c'est le seul continent où le terme a véritablement un sens. Le péronisme argentin en est la figure exemplaire mais n'est pas isolé. Il a laissé des traces identiques au Brésil, au Chili, en Colombie, au Pérou et au Venezuela. Dans un livre éclairant, publié en 1990, Rudiger Dornbusch et Sebastian Edwards ont défini le programme économique du populisme comme la recherche d'une croissance inclusive au mépris absolu des objectifs de stabilité macroéconomiques[1]. Le même cycle s'y répète inlassablement, « comme une névrose ». À chaque fois, une relance budgétaire inconsidérée produit une détérioration de la balance des paiements, une chute du change, une inflation galopante et un effondrement de la production. « Toutes ces politiques prennent place

1. Rudiger Dornbusch et Sebastian Edwards, *The Macroeconomics of Populism in Latin America*, NBER, 1991.

au sein de sociétés profondément inégalitaires que les politiques menées ne parviennent curieusement jamais à résoudre. »

Pour caractériser le populisme européen, celui de Le Pen, du Hongrois Orban, ou de la conjonction en Italie de La Ligue et du Mouvement 5 étoiles, Dominique Reynié parle d'un « populisme patrimonial[1] ». Il promet à ses électeurs un État-providence « pour eux », des villes « à eux », un travail « pour eux ». Il a agrégé une *double* détestation : à l'égard des élites en haut *et* de l'immigration en bas, censées être toutes deux responsables du désordre social. Il existe certes une radicalité à gauche qui coche la première case – la détestation des élites –, mais ses résultats électoraux sont plus faibles que celle de droite, faute du deuxième item, essentiel : la xénophobie.

Les Démocrates de Suède, le Parti du peuple danois, les Vrais Finlandais, le FPO autrichien, l'Aube dorée en Grèce, la Ligue du Nord se sont tous construits sur la xénophobie. Le fondateur du Mouvement 5 étoiles, Beppe Grillo (inéligible car condamné pour homicide involontaire à la suite d'un accident de voiture en 1981), a lui aussi repris ce tempo nationaliste (même si son mouvement est lui-même plus ambigu à cet égard). Il a accusé les immigrés d'être responsables du retour de la tuberculose en Italie. Un immigré, selon Grillo, « tu le prends, tu le charges dans une voiture sans que personne te voie, tu l'amènes dans un coin et tu lui donnes deux gifles ». Et Grillo d'ajouter : « Remerciez-moi d'être là, sinon vous auriez les néo-

1. Dominique Reynié, *Les Nouveaux Populismes*, Pluriel, 2013.

nazis. » « Affirmation plus menaçante que rassurante », conclut Reynié...

Le FN français est emblématique de ce populisme nouveau. Il s'est employé à capter le mécontentement populaire, mais comme à tâtons. À l'origine libérale sur le terrain économique (profondément marquée par Reagan), la famille Le Pen a pris en marche le train des autres populismes européens : à la fois critique des élites et des immigrés. Le parti a été créé en 1972. En 1974, Jean-Marie Le Pen recueillait 0,75 % des voix à l'élection présidentielle. En 1981, il ne parvint pas à rassembler les signatures pour être candidat. Mais en 1984, aux élections européennes, à la surprise générale, il recueillait 11 % des voix. Le parti s'est inspiré de Reagan pour critiquer la gauche au pouvoir, notamment sur le thème de l'« antifiscalisme ». En 1988, Le Pen recueillit 14,4 % des suffrages exprimés et en 2002 il parvint au second tour de l'élection présidentielle. Cette victoire fut pourtant en trompe-l'œil. Baisse des impôts et refus de l'immigration formaient un cocktail que la droite classique pouvait aisément reprendre à son compte. La candidature de Sarkozy en 2007, reléguant Jean-Marie Le Pen à 10,4 %, a donné le coup de grâce à sa trajectoire.

Le renouveau du parti vint avec la fille. Elle a proposé un « ethno-socialisme », selon l'expression de Reynié, qui a stupéfié la gauche et la droite. Plus radicale que la gauche sur le terrain économique, plus radicale que la droite sur le terrain des valeurs, elle a séduit de gros contingents des classes populaires qui se vivent comme les laissés-pour-compte de la mondialisation et les premières victimes de l'immigration. Sa trajectoire personnelle a été finalement brisée par une performance totalement ratée face à Emmanuel Macron, lors de la présidentielle de 2017, où elle fit pourtant au second tour un score très supérieur à celui de son père.

2016, annus horribilis

L'année 2016 reste à ce jour l'apothéose de cette exaspération croissante. Elle marque l'entrée du populisme dans le « réel » de la vie politique, avec le Brexit et l'élection de Trump. Les sondages réalisés à la suite du Brexit par l'Institut Lord Ashcroft ne laissent aucun doute sur les sentiments de ceux qui ont voté pour sortir de l'Europe : ils détestent les mots « féminisme, multiculturalisme, écologie » mais aussi « capitalisme » et « Internet ». *The Economist*, journal de l'establishment britannique, a pris l'exemple de la ville où le vote pour le Brexit a été au plus haut : Boston (à ne pas confondre avec la ville du MIT et de Harvard aux États-Unis), une petite ville du Lincolnshire où 76 % des électeurs ont choisi de sortir de l'Europe. 70 % de la population a interrompu ses études à 16 ans. Les quais du port sont vides. Les cafés et les nouvelles boutiques s'appellent Polski Sklep et U Ani. 13 % des habitants de Boston sont immigrés : pour la plupart d'entre eux, ce sont des Polonais et des Lituaniens qui travaillent dans les petites exploitations agricoles avoisinantes. « It was time we took back control », dit un retraité. La ville s'est endormie dans la nostalgie de sa grandeur passée, lorsqu'elle était un des centres du commerce avec les Pays-Bas. Une église majestueuse domine encore un centre-ville qui reste élégant. Boston est à l'image des 52 % de Britanniques qui ont voté contre l'Union européenne. Elle est en guerre contre les 48 % qui ont voté pour y rester : les jeunes, éduqués, libéraux, qui vivent dans les centres urbains les plus dynamiques, Londres, Bristol, Manchester ou Cambridge…

Le deuxième acte tonitruant de la montée en puissance du populisme a été l'élection de Trump, en octobre 2016. Le même ressentiment s'est exprimé. Celui des « petits Blancs » qui ont voté aux deux tiers pour lui (dans le lexique américain, les « White without college education[1] »). Ceux qui habitent une région que les élites citadines ont appelée le « fly over territory », que l'on survole pour aller de New York à Los Angeles. À la question : « Pensez-vous que la prochaine génération vivra mieux qu'aujourd'hui ? », ceux qui répondaient négativement ont voté pour Trump à 63 %. Ceux qui étaient optimistes ont choisi Hillary Clinton à 59 %. C'est la souffrance de ceux qui vivent dans un environnement rural et qui vomissent les valeurs des grandes villes[2]. Que leur offre Trump ? Juste ça. La reconnais-

1. 67 % des « White without college education » ont voté pour Trump.

2. Trump a remporté 62 % des suffrages auprès des Américains qui vivent dans un environnement rural ou dans de petites villes. À l'inverse, Hillary Clinton a fait son meilleur score (59 %) dans les villes de plus de 58 000 habitants. La faible densité de population et le faible niveau d'éducation sont les deux grands enseignements du vote en faveur de Trump comme du FN. Les km² acquis aux républicains sont quatre fois plus importants que ceux qui vont aux démocrates.

sance de leur souffrance, de leur difficulté à garder une place dans un monde qui les chasse.

L'écrivain Thomas Frank avait publié un livre, dès 2004, qui posait la question centrale : « Pourquoi les pauvres votent-ils à droite ? » Le Kansas où il est né lui a offert un formidable laboratoire pour y répondre. Dans les villes rurales, « on assiste, écrit-il, aux premiers stades de la décadence irréversible d'une civilisation ». L'une d'entre elles a vendu son école publique sur eBay. Wichita, capitale de l'aéronautique, a longtemps été pour Boeing ce que Detroit a été pour Ford et General Motors. Elle fut une ville ouvrière fortement syndiquée et autrefois l'une des places fortes des démocrates locaux. Elle a subi de plein fouet la crise des années 2000, la masse salariale ayant été amputée de moitié. Wichita est devenue dans les années quatre-vingt-dix l'un des principaux bastions républicains du Kansas, puissante forteresse où se mènent désormais les guerres contre l'avortement et les théories de Darwin…

Les républicains avant Trump s'étaient installés dans une combinaison de conservatisme moral et de libéralisme économique. Leurs campagnes électorales promettaient d'interdire l'avortement et les droits des homosexuels, toutes choses sans effet matériel, mais pour mettre concrètement en œuvre un programme de libéralisation économique ultralibéral. Le vote républicain, tendance Tea Party, a en réalité fait advenir un programme de baisse d'impôts qui a aggravé le problème économique, la crise sociale, remettant ensuite le couvert pour un deuxième tour de protestation morale.

Trump, pendant les primaires, a pris les choses autrement. Il n'a pas donné suite aux obsessions du Tea

Party, en matière d'avortement notamment, et a attaqué l'establishment républicain sur l'autre front, celui de l'ouverture des frontières aux migrations et aux marchandises. Contre la doctrine du parti, il a dénoncé les accords de libre-échange avec le Mexique et la Chine et mis l'accent sur la lutte contre l'immigration, promettant de construire un mur contre le Mexique – comme dans la série *Game of Thrones* ! – et d'organiser la traque des sans-papiers. Xénophobie et protectionnisme ont été ses principaux slogans, assenés sans modération.

Au plan rhétorique, la « langue » de Trump se caractérise par la mise en cause personnelle de ses adversaires. Les journalistes qui le critiquent sont accusés d'être vendus au pouvoir, de faire partie de l'establishment. L'économiste Justin Wolfers a résumé sa méthode de la façon suivante. En fustigeant le « politiquement correct », Trump envoie le message qu'il n'est pas comme les autres, qu'il est, lui, « authentique ». Plus il dérape, plus il démontre sa sincérité ! Comme les économistes spécialistes de l'information le savent, il doit en rajouter pour montrer qu'il est différent. Pour autant, la réalité de la méthode est sans doute plus simple. En accumulant les propos misogynes et xénophobes, il se donne certes à voir comme un adepte du franc-parler. Mais le fait est que ses électeurs comprennent parfaitement qu'il est vraiment raciste et misogyne ! Sa critique du politiquement correct est le masque qui lui permet de dire ouvertement ce qu'il pense.

Trump parle des Mexicains comme de « violeurs ». Il défend la torture, considère que la guerre nucléaire doit faire partie des options tactiques. Il s'est moqué d'un journaliste handicapé, a accusé une journaliste qu'il jugeait trop agressive d'avoir ses règles. Dans une vidéo prise par surprise, il se flatte de prendre les femmes par leur entrejambe. Stephen Bannon, qui fut un temps son acolyte avant de se disputer avec lui, a été le dirigeant d'un site d'extrême droite, Breitbart News, qui regroupe ceux qui croient en la suprématie blanche, s'oppose à l'immigration, au féminisme et au multiculturalisme, et se régale d'attaques incessantes contre les juifs, les musulmans et autres groupes qui ne trouvent pas grâce à ses yeux.

Beaucoup de commentateurs, en Europe notamment, ont interprété l'élection de Trump comme la fin du cycle libéral engagé par Reagan, un appel à relâcher la pression des marchés, un besoin de correction face à l'augmentation ahurissante des inégalités. Dès la publication de la liste des membres de son premier cabinet, on a vite compris que Trump ne signerait pas la fin du libéralisme. Il a nommé comme secrétaire d'État (ministre des Affaires étrangères) Rex Tillerson, le patron d'Exxon, le géant pétrolier, fervent partisan de la libéralisation du marché de l'énergie et grand ami de Poutine. Le secrétaire au Trésor (ministre des Finances), Steven Mnuchin, ancien dirigeant de Goldman Sachs, financier de Hollywood, s'est enrichi en rachetant les titres de propriété des ménages ruinés par la crise des subprimes. Le ministre du Travail désigné, Andrew Puzder, patron de CKE, une chaîne de restauration rapide, s'est déclaré opposé à toute hausse du salaire minimum, mais a dû renoncer pour avoir employé illégalement une femme de ménage. Parmi ses conseillers figurait aussi Carl Icahn, ancien raider fameux qui a servi de modèle à Gekko, le personnage du film d'Oliver Stone *Wall Street*, et inspiré la phrase culte : « Greed is good ! »

Trump a ainsi formé un (premier) gouvernement fait de milliardaires à son image, pesant à eux seuls plus de 6 milliards de dollars, selon *The Economist*. Aucun des ministres du début n'est toutefois resté très longtemps en poste. Ce qui caractérise Trump est surtout le désir d'abolir les règles, y compris au sommet de l'État ! Au fil des changements d'équipes qui ont ponctué la composition de son gouvernement, Trump a montré que son principal tropisme était la détestation des règles internationales : l'accord de Paris sur le climat, celles de l'OMC, de l'OTAN.

Julien Giraudeau a interprété l'élection de Trump comme une manifestation de la force du « ça » freudien, de la pulsion, du « fuck the rules », du « rien à faire ! ». C'est avec ce slogan subliminal, qui aurait pu être celui de Mai 68, que Trump a rallié les suffrages des classes populaires américaines, dénonçant le politiquement correct : celui qui veut interdire le port des armes, contraindre au respect des normes environnementales, obliger à ne plus fumer… Brice Teinturier, dans *Plus rien à faire, plus rien à foutre !*[1], a analysé le « ras-le-bol » des électeurs français dans les mêmes termes, comme une crise de confiance générale à l'égard de la démocratie elle-même.

Michael Sandel, professeur de philosophie à Harvard et auteur d'un best-seller intitulé *Justice*, va plus loin. Pour lui, l'ennemi des classes populaires est en réalité le surmoi des élites de gauche. Celles-ci plaident pour l'accès à l'école, la santé, la promesse donnée à chacun de pouvoir

1. *Plus rien à faire, plus rien à foutre !*, Robert Laffont, 2017.

s'élever socialement… Elles n'ont pas compris que cet idéal méritocratique sonnait comme une accusation, un reproche, aux oreilles de ceux qui n'ont pas fait d'études supérieures, ne mangent pas bio, n'ont pas une bonne hygiène de vie, et qui ont interprété ces mesures comme l'orgueil des élites prônant l'avènement d'un monde à leur image. Le vote pour Trump est la manifestation d'un besoin éperdu de reconnaissance, d'estime sociale, de ses électeurs. Ils veulent qu'on les aime pour ce qu'ils sont, et non pour ce qu'ils auraient pu ou dû être.

L'histoire tourne en rond

La peur de l'avenir, les passions xénophobes, nihilistes, qui l'accompagnent, n'ont en elles-mêmes rien de très original. Elles sont caractéristiques des périodes de doute, lorsqu'une société perd confiance en elle-même. Rien n'est plus éclairant à cet égard que d'analyser le basculement qui s'est produit entre les années vingt et trente, à commencer par les États-Unis.

Les années vingt furent les « dix glorieuses » de la croissance américaine. On les a appelées les *roaring twenties*. L'éclairage électrique, l'eau courante, les ascenseurs bouleversent les conditions de la vie urbaine. L'*American way of life* fait découvrir aux Américains les délices de l'achat (à crédit) d'une gamme entièrement nouvelle de biens : l'automobile, la radio, l'électroménager. Les années vingt sont également une période d'intense vie culturelle. Sinclair Lewis, Scott Fitzgerald, Ernest Hemingway renouvellent la littérature américaine. Le premier film parlant, *The Jazz Singer*, sort en salle en 1928.

Durant cette décennie dorée, les codes moraux de la société américaine sont bousculés par une jeunesse enthousiaste, comme ils le seront cinquante plus tard durant les sixties. Les filles se coupent les cheveux, s'habillent en garçon… Se diffuse l'image de femmes sexuellement libérées, les garçonnes, les « flappers » dont parle Francis Scott Fitzgerald dans ses *Flappers and Philosophers*, nouvelles publiées en 1920, l'année où les Américaines obtiennent le droit de vote. Un nombre croissant d'entre elles accèdent au marché du travail, gagnant pour la première fois leur indépendance financière.

Les années vingt voient partout l'apparition d'une avant-garde en révolte. Ian Kershaw note ainsi la montée de l'opposition aux « formes de représentation antérieures, jugées surannées, superficielles, vides de sens[1] »… Inspiré par la psychanalyse, l'art moderne veut montrer l'absurde, l'inexplicable chaos des passions. Paris est le centre de cette vitalité. Pablo Picasso, James Joyce et Ezra Pound s'y retrouvent. En Allemagne, l'art et la pensée sociale épousent aussi ce nouvel esprit du temps. Le Bauhaus, fondé en 1919 par Walter Gropius, réunit artistes, sculpteurs, architectes, en une extraordinaire « efflorescence de la créativité culturelle et intellectuelle d'avant-garde ».

Mais, déjà, un *cultural backlash*, une réaction morale, se prépare. La prohibition de l'alcool, décidée dès 1919, en est l'une des mesures emblématiques. Elle se déploiera dans toute sa force avec la Grande Dépression, commencée en 1929. La frivolité et la sensualité des années vingt ont disparu aussi vite qu'elles étaient nées. Les femmes rallongent leurs jupes, commencent à porter des gants. Les gens deviennent moins exubérants, la tolérance baisse

1. Ian Kershaw, *L'Europe en enfer, 1914-1949*, trad. française, Le Seuil, 2016.

à l'égard des attitudes déviantes... Ian Kershaw résume ainsi la période : « La crise économique accentua le ressentiment. Elle rendit les sociétés plus mesquines, moins tolérantes, on accusa les femmes d'avoir pris le travail des hommes. » Dans ses émissions, le père Coughlin, prédicateur de radio, touchait des millions d'auditeurs avec ses programmes antisémites. Dans un livre cruel et ironique, Philippe Roth a fait le récit parfaitement crédible d'une Amérique qui aurait choisi d'élire, plutôt que Roosevelt, Charles Lindbergh, premier pilote à avoir traversé l'Atlantique en 1927, héros national et antisémite notoire.

En Europe, l'américanisme devint le symbole des travers moraux de la modernité. Le jazz fut qualifié de musique nègre, réputé inférieur aux avancées de la civilisation de Bach et de Beethoven. Les rythmes érotiques de la danse « américaine » furent accusés de menacer les mœurs des jeunes filles. Le dévoiement de la culture semblait s'incarner dans le corps nu de Joséphine Baker, chanteuse et danseuse afro-américaine qui conquit Paris et Berlin en portant un régime de bananes pour unique vêtement.

Avec la crise, l'idée de se débarrasser des « défaillants » par une « hygiène raciale » gagnait partout du terrain. En Allemagne, dès 1932, des projets de stérilisation volontaire furent introduits, pour les personnes souffrant de maladies héréditaires. Mais l'eugénisme n'était nullement une particularité allemande. Eugenics Society fut créée en Grande-Bretagne en 1926. L'eugénisme, qui se présentait comme un darwinisme social, fut une théorie anglaise, due à Francis Galton, cousin de Charles Darwin, qui trouva des partisans parmi des penseurs réputés iconoclastes : Keynes, Beveridge, H. G. Wells ou George Bernard Shaw[1] ! En Suède, un institut de biologie raciale avait été fondé à Uppsala en 1922.

Les sources du totalitarisme

En Grande-Bretagne, en France et aux États-Unis, l'écrasante majorité de la population allait toutefois continuer de soutenir, jusqu'à la guerre, le régime démocratique en place. Malgré la pression du conservatisme moral, Roosevelt réinventa la gauche démocrate, sans doute grâce au fait que son prédécesseur, Hoover, qui avait présidé au désastre économique, était de l'autre bord. C'est en Allemagne que la brèche fut ouverte, lorsque se rouvrirent les blessures mal cicatrisées de la guerre. Le livre d'Oswald Spengler, *Le Déclin de l'Occident*, dont le premier volume fut publié en 1918, juste avant la fin de la guerre, et le second quatre ans plus tard, joua un grand rôle dans la dramaturgie du pessimisme allemand. Les civilisations, selon Spengler, comme dans l'énigme du Sphinx, passent par trois phases, l'enfance, l'âge adulte et la vieillesse, lorsque la force vitale de la société est totalement anémiée et qu'il faut en changer.

Dans son enquête au long cours *Les Origines du totalitarisme*, Hannah Arendt a entrepris une plongée étourdissante dans l'effondrement moral des années trente, qui offre un formidable réservoir de concepts pour com-

1. Jonathan Freedland, « Eugenics : the skeleton that rattles loudest in the left's closet », *The Guardian*, 17 février 2012.

prendre la montée du populisme aujourd'hui[1]. Le totalitarisme selon Arendt peut s'interpréter comme la réponse émotionnelle d'individus isolés, unis par une haine de l'ordre établi, face à une société atomisée. Les petits propriétaires ruinés, les classes moyennes déclassées par la crise, bref tous ceux ayant cru avoir trouvé une place dans la société et qui l'ont perdue, ont formé les bataillons du ressentiment. « C'est dans cette atmosphère d'effondrement de la société de classes que s'est développée la psychologie de l'homme de masse européen. Le fait qu'avec une uniformité monotone ou abstraite le même sort avait frappé une masse d'individus n'empêcha pas ceux-ci de se juger eux-mêmes en termes d'échec individuel, ni de juger le monde en termes d'injustice spécifique. »

Parmi les auteurs convoqués par Arendt pour saisir la dégradation des temps, Gustave Le Bon analyse, dans *La Psychologie des foules*, la manière dont la rationalité de l'individu peut se désagréger lorsqu'il est soumis aux pulsions émotionnelles de la foule. Hannah Arendt définit la génération à laquelle elle appartient comme celle qui a été le témoin « de la transformation d'un système de classes en une société de masse. C'était, spirituellement, l'avènement du nihilisme, qui avait longtemps été l'affaire de quelques-uns, mais est devenu soudain un phénomène de masse ».

1. Trois tomes structurent l'ouvrage : *L'Antisémitisme*, *L'Impérialisme* et enfin *Le Totalitarisme*. L'introduction de Pierre Bouretz, intitulée « Entre passion et raison », dessine parfaitement l'enjeu principal du livre : comprendre comment l'Occident, dont l'essor avait été interprété par la sociologie, de Max Weber à Norbert Elias, comme un effort de rationalisation des passions, a pu se laisser déborder par la pulsion nazie.

Les masses, contrairement aux classes, poursuit Arendt, ne sont pas unies par la conscience d'un intérêt commun. Elles n'ont pas cette logique spécifique qui s'exprime par la poursuite d'objectifs précis, limités et accessibles. « Le terme de masses s'applique seulement à des gens qui [...] ne peuvent s'intégrer dans aucune organisation fondée sur l'intérêt commun, qu'il s'agisse de partis politiques, de conseils municipaux, d'organisations professionnelles ou de syndicats [...]. Ce qui caractérisa l'essor du mouvement nazi, c'est qu'ils recrutèrent leurs adhérents dans cette masse de gens [...] auxquels tous les autres partis avaient renoncé. » La Volksgemeinschaft promet une égalité absolue à tous les Allemands, une égalité non pas de droits, mais de nature. Ce qui leur permet de s'élever au-dessus de la promesse d'une société sans classes qui, elle, menace de rabaisser tout le monde.

Les masses, conclut Arendt, sont obsédées par le désir d'échapper à la réalité parce que, dans leur déracinement essentiel, elles ne peuvent plus en supporter les aspects accidentels et incompréhensibles. La propagande des nazis s'est caractérisée par un complet mépris pour les faits : à leurs yeux, les masses dépendaient entièrement du pouvoir de celui qui les fabriquait. Lorsque Hitler décida de supprimer les fous, pour se débarrasser, disait-il, des bouches inutiles, il ne visait en réalité aucun calcul économique : « Il préparait les masses à sortir de la morale, à entamer un programme de meurtres ».

Lorsque le nazisme fut vaincu, le monde fictif qu'il avait créé s'effondra aussi vite qu'il était apparu. Les masses retournèrent à leur ancien statut, celui d'individus isolés, heureux, pour les uns, d'accepter une fonction dans le nouveau monde, ou retombant, pour les autres, dans leur ancien caractère « superflu et désespéré ». Les Alliés essayèrent vainement de trouver un seul nazi convaincu dans le peuple allemand, dont 90 % avaient été probablement des sympathisants sincères à un moment ou à un autre.

Cinquante ans de solitude (Illusions perdues 3/3)

Il n'existe évidemment aucune commune mesure entre les années trente et la montée du populisme aujourd'hui. Notre société est devenue plus policée. Mais la dégradation de la vie politique actuelle évoque furieusement la manière dont Hannah Arendt avait décrit la montée du totalitarisme. La perte de repères des classes populaires, le sentiment que la société de classes, où l'on a une place, a été détruite, laissant chacun perdu au sein d'une masse déstructurée : autant d'éléments fondamentaux qui éclairent les causes de la montée du populisme contemporain.

L'analyse du vote à l'élection présidentielle française de 2017 permet de saisir la nature de ce parallélisme. Le vote en faveur de Le Pen progresse à proportion de la distance qui sépare ses électeurs des grandes agglomérations. Leur relégation dans des lieux d'habitation de plus en plus éloignés des centres-villes contribue à leur isolement social. Une analyse économétrique des déterminants du vote à la présidentielle de 2017, menée à partir d'une enquête CEVIPOF, montre que les caractéristiques individuelles des électeurs de Le Pen pèsent beaucoup plus lourd que leur appartenance sociale[1]. La profession du père, par exemple, permet d'anticiper statistiquement le vote en faveur des autres candidats, mais pas celui des électeurs de Marine Le Pen[2]. De même, le revenu moyen de la commune de résidence est en général un facteur explicatif du vote (en faveur de la gauche s'il est faible, ou de la droite s'il est fort) mais pas de celui en faveur de Le Pen. C'est leur situation propre, leur niveau de revenu individuel, de mal-être subjectif, qui expliquent le vote des électeurs frontistes[3].

Pour caractériser notre époque, le sociologue Robert Castel a distingué l'individualisme par excès, de ceux à qui la vie sociale réussit, qui peuvent se croire affranchis des conventions sociales, et l'individualisme par défaut, celui qui frappe les classes populaires, qui perdent confiance en elles-mêmes. Cette distinction éclaire la nouvelle polarisation politique. Les électeurs de Marine Le Pen s'opposent à ceux de Macron dans une diagonale parfaite, entre ceux

1. Yann Algan, Elizabeth Beasley, Daniel Cohen et Martial Foucault, « The rise of populism and the collapse of the left-right paradigm », document de travail CEPREMAP, 2018.

2. Comme l'indique Hervé Le Bras, 48 % des ouvriers de Champagne-Ardenne (dans le Nord-Est) votent FN, mais seulement 15 % d'entre eux le font dans la région Midi-Pyrénées. De tels écarts révèlent que la catégorie « ouvriers » ne suffit pas à saisir la nature du vote FN. L'enquête CEVIPOF montre toutefois que le déclassement par rapport à la profession du père est un facteur qui contribue à expliquer le vote Le Pen. C'est le ressentiment individuel qui est ici en cause. Hervé Le Bras, *Le Pari du FN*, Autrement, 2015.

3. L'enquête CEVIPOF permet de mesurer des variables subjectives, telles que le mal-être ou le bien-être. Les deux candidats où le bien-être (ou mal-être) subjectif joue le rôle le plus important dans l'explication du vote sont Le Pen (en négatif) et Macron (en positif).

qui n'ont rien, ni éducation ni revenu, et ceux qui ont tout, y compris dans les dimensions subjectives du bien-être. Cette diagonale est très différente de celle qui structure le clivage entre la gauche et la droite. Celui-ci oppose non pas les riches et les pauvres, mais certains riches à certains pauvres. Toujours selon l'enquête CEVIPOF, les électeurs de Mélenchon sont plus pauvres que ceux de Fillon, mais ils partagent, en moyenne, le même niveau d'éducation. Ils sont frustrés par une inégalité sociale qu'ils considèrent comme injuste et veulent corriger. Les électeurs de Le Pen sont à l'image de ceux de Trump : les « White without college education ». Ils ont perdu toute confiance dans les valeurs méritocratiques de la société. Leur scepticisme atteint des niveaux tels qu'ils ne croient plus que l'État puisse leur venir en aide. Ils sont très peu intéressés par les mesures de redistribution fiscale, alors que leur niveau de revenu ferait pourtant d'eux les principaux bénéficiaires. Leur revendication paradoxale est d'obtenir une « protection sans redistribution ». Ce qui explique leur demande d'ériger des « murs » contre le reste du monde.

Les électeurs de Le Pen n'ont aucune conscience de classe au sens que l'on donnait à ce terme pour expliquer le vote communiste. Selon Hervé Le Bras, il n'existe d'ailleurs aucune corrélation entre la géographie du vote communiste d'hier et celle du vote FN aujourd'hui. C'est une autre classe ouvrière qui s'est exprimée en faveur de Le Pen que celle qui votait hier pour le Parti communiste. Dans *L'Égalité des possibles*, livre publié en 2002, l'économiste et sociologue Éric Maurin a proposé une analyse de la condition ouvrière qui met en lumière cette transformation. À côté des ouvriers « de type industriel », il faut compter une part croissante d'ouvriers de type artisanal et une autre catégorie regroupant ceux qui sont affectés à la logistique (chauffeurs, manutentionnaires). Les ouvriers de ces deux derniers groupes sont plongés dans des contextes de plus en plus informels, plus proches du client et de la demande finale que le prolétariat industriel. Celui-ci travaillait sur les chaînes de montage et dans les ateliers de production des très grands établissements de l'industrie lourde. Les ouvriers de type artisanal travaillent dans des entreprises plus petites ou dans les services aux (grandes) entreprises. Ils exercent typiquement dans les métiers du bâtiment, de l'alimentaire ou dans les services de maintenance-réparation. La dernière catégorie, celle des chauffeurs ou manutentionnaires, s'apparente à des prestataires de services, à la compétence beaucoup plus individualisée que les précédentes. Alors que les ouvriers de type industriel ont connu une chute de plus d'un tiers de leurs effectifs, les autres catégories ont beaucoup mieux résisté, voire progressé nettement pour les ouvriers de la logistique et du transport. C'est cette « nouvelle classe ouvrière » qui s'affirme dans le monde postindustriel des services. « Un conducteur-livreur ou une femme de ménage sont beaucoup plus autonomes, explique Maurin, ils sont impliqués dans leur travail de façon plus directe et personnelle que les ouvriers de montage des voitures en série. » Dans des environnements de type artisanal, l'employé épouse souvent l'idéologie du petit patron. Il peste contre les charges, la dictature du client, les normes qui imposent autant de contraintes au fonctionnement de l'entreprise et pèsent, selon lui, in fine, sur son salaire.

L'analyse du suicide par Émile Durkheim, l'un des

fondateurs de la sociologie française, fournit un parallèle éclairant avec le vote populiste. Pour Durkheim, l'*anomie* sociale, l'absence de sociabilité d'une personne, est l'un des facteurs explicatifs du suicide, ce qui le conduit à affirmer que le suicide est un phénomène social et non individuel... Comme le dit Hervé Le Bras, il n'y a pas de corrélation statistique entre les deux phénomènes mais « un parallélisme » de situation, celui d'une solitude devenue insupportable. Le vote FN est l'expression du malaise né de la destruction non seulement du monde industriel, mais de la sociabilité de régions entières. L'un des enseignements de l'analyse de Le Bras, s'appuyant sur les travaux de géographie sociale qu'il a menés avec Emmanuel Todd, est de montrer que les régions qui résistent le mieux à la poussée du FN sont celles où les structures familiales sont les plus soudées. Dans le Sud-Ouest, où la « famille souche » a été longtemps majoritaire, le FN ne perce pas. À l'inverse, dans le Nord-Est, où la tradition est celle d'une famille nucléaire, individualiste, l'isolement devient bien plus écrasant. Le FN y est beaucoup plus fort.

Durkheim avait lui-même en tête la crise morale créée par l'exode rural. La ville « anonyme » était interprétée comme l'une des causes du suicide. Avant lui, Auguste Comte, Frédéric Le Play avaient déjà critiqué l'individualisme de leur époque, en soulignant combien il était préjudiciable à la cohésion sociale. Il semble que le même diagnostic puisse être repris aujourd'hui en l'adaptant. Le sociologue Serge Paugam a ainsi analysé la déliaison sociale moderne, dans un livre dont le titre résume bien le projet : *Vivre ensemble dans un monde incertain.* « L'individu n'est vraiment lui-même, ne réalise pleinement sa nature qu'à condition de s'attacher (à la société). Un lien (social) est fort quand il permet à l'individu d'assurer sa protection face aux aléas de la vie et de satisfaire son besoin vital de reconnaissance, source de son identité et de son existence en tant qu'homme. » Telle est la question sociale majeure aujourd'hui.

L'insécurité économique est le principal vecteur de la déliaison sociale. « Le développement de la précarité salariale constitue l'un des facteurs essentiels de la crise d'intégration. » Mais ce qui provoque une onde de choc additionnelle à la crise est le fait que l'ensemble des autres liens sociaux, famille ou amis, amplifient à leur manière la montée des inégalités. Dans une étude qu'il a conduite dans l'agglomération parisienne, Paugam a ainsi calculé que 20 % des enfants d'ouvriers n'ont plus eu, pratiquement, de relations avec leur père ou leur mère alors que ces derniers sont encore en vie, contre un niveau inférieur à 5 % pour les enfants de cadres. Tout se passe comme si les inégalités économiques et culturelles étaient amplifiées par les inégalités « électives » : les taux de participation à la vie associative, par exemple, varient du simple au double dans les quartiers riches et ceux des classes populaires, au sein même de l'agglomération parisienne[1].

1. Serge Paugam ajoute également une remarque très éclairante : « De manière paradoxale au regard de l'idée qu'elles brisent l'ordre social, les communautés délinquantes de trafiquants et autres sont en fait à la recherche elles aussi d'un mode alternatif d'intégration sociale. » On pourrait ajouter que l'appartenance (souvent imaginaire) à une communauté religieuse offre une compensation à des populations confrontées aux mêmes difficultés d'intégration sociale que leurs ennemis, les électeurs du FN…

Gilles Deleuze et Félix Guattari, dans un livre qui fit date lors de sa parution en 1972, *L'Anti-Œdipe*, s'étaient déjà penchés sur ce problème de la déliaison sociale. Le capitalisme, expliquaient-ils, remet constamment en cause les attachements de la vie ordinaire. Alors que dans les sociétés précapitalistes, des règles strictes commandent toutes les circonstances de la vie, le capitalisme, à l'inverse, ne cesse de les abolir. Il « déterritorialise » les individus. Les paysans quittent leurs terres, les ouvriers leurs usines... L'homme perd ses particularités, ses qualités, pour devenir du travail « tout court ». Le capitalisme crée ainsi un monde d'angoisses qu'il faut ensuite guérir. Pour les soigner, il faut construire des « territorialités artificielles » : des États, des patries, des familles, en lieu et place de ceux qu'il a détruits[1]...

Dès lors, expliquaient-ils dans le langage fleuri de l'après-Mai, l'individu a deux options. La première est d'obéir aux instructions grégaires que lui propose le groupe, qu'il s'agisse de la patrie ou de l'argent. Le désir s'investit dans les pouvoirs, les institutions, les honneurs : « les valeurs, les morales, les patries, les religions, et ces certitudes privées que notre vanité et notre complaisance nous octroient généreusement, [qui] sont autant de séjours trompeurs que le monde aménage pour ceux qui pensent se tenir ainsi debout et au repos, parmi les choses stables ». L'autre voie qui s'ouvre à l'individu est de réussir la percée, de « franchir la ligne » qui sépare l'homme normal de la « production désirante », celle de l'artiste. Passage hautement délicat, qui peut conduire

1. Gilles Deleuze et Félix Guattari, *L'Anti-Œdipe*, Éditions de Minuit, 1972.

l'individu qui échoue « à basculer dans un état dépressif et le ressentiment »… Ce que Deleuze et Guattari n'avaient pas prévu mais que leur analyse permet de comprendre est non pas l'évolution de la société dans son ensemble mais le formidable partage du monde social que la déréliction du monde industriel allait produire. Une nouvelle « déterritorialisation » s'est produite. Elle a accordé la condition d'artiste aux gagnants, et le ressentiment aux perdants.

V.

La phobie migratoire

Dans une phrase énigmatique dont il avait le secret, le psychanalyste Jacques Lacan avait annoncé, dans les années soixante-dix, le retour du racisme, en donnant l'explication suivante : « Dans l'égarement de notre jouissance, il n'y a que l'Autre qui la situe, mais c'est en tant que nous en sommes séparés »… Contre toute attente, vu le moment où il l'avait énoncé, ce propos de Lacan s'est révélé prémonitoire. Les poussées de fièvre xénophobe sont certes récurrentes dans l'histoire. Les années vingt et trente en avaient déjà marqué un point haut. À l'époque elles étaient surtout tournées, aux États-Unis, contre les populations originaires d'Asie… C'est toutefois la première fois depuis la fin de la Seconde Guerre mondiale que les pays occidentaux en sont venus à une telle fureur. Ni Reagan ni Bush, avant Trump, n'y avaient succombé.

Ce qui frappe est l'universalité du phénomène aujourd'hui. Les partis d'extrême droite à forte coloration xénophobe ont surgi partout, y compris dans les pays scandinaves, pourtant mieux protégés de la crise et de la montée des inégalités. La xénophobie nouvelle semble bel et bien faire partie, comme le suggérait Lacan, d'une phobie générale envers autrui, quel qu'il soit. Comme le montre l'enquête CEVIPOF, les électeurs du FN manifestent une défiance généralisée à l'égard des autres, qu'il s'agisse d'inconnus rencontrés dans la rue, de voisins de palier, de collègues de bureau, et même de membres de leur propre famille[1] !

Ce sont les Mexicains qui ont fait l'objet des phobies xénophobes de Trump et de ses électeurs. Dans le cas anglais, ce sont les Polonais qui ont été les cibles de la campagne en faveur du Brexit. L'argument souvent utilisé en France selon lequel ce serait l'islam qui pose problème ne tient donc pas pour comprendre la nature du phénomène. Dans l'ensemble de l'Europe, la population musulmane a un poids marginal (elle ne compte que 3,6 % de la population totale). Il existe, en ce domaine comme dans beaucoup d'autres, une différence considérable entre l'immigration perçue et l'immigration réelle : les enquêtes révèlent une perception qui est près du triple du chiffre véritable.

Mais quid des enjeux économiques « réels » des phénomènes migratoires ? Quels sont les effets des migrations sur la condition des classes populaires du pays d'accueil ? Le premier paradoxe est que l'immigration est sur toutes les lèvres, alors qu'elle est aujourd'hui deux à trois fois plus faible, relativement à la population mondiale, qu'au siècle dernier ! Au cours de la grande période de migration du XIXe siècle, entre 1870 et 1910, un pays comme

1. Les électeurs de Mélenchon, tout aussi « anti-système » que les électeurs de Le Pen, manifestent au contraire une très forte confiance à l'égard d'autrui. Voir Algan, Beasley, Cohen et Foucault, art. cit.

l'Argentine avait connu une augmentation de plus de 75 % de sa force de travail. Au Canada et en Australie, elle avait été de près de 40 % et aux États-Unis de 21 %. Du côté des pays d'émigration, la Suède avait perdu 40 % de sa population adulte, l'Italie près de 30 %... Au XIXe siècle, un Italien ou un Suédois gagnait quatre fois moins qu'un Américain. Aujourd'hui, un travailleur vivant au Salvador gagne sept fois moins qu'un Salvadorien vivant aux États-Unis. La migration est beaucoup moins forte alors même que les bénéfices sont bien plus considérables. C'est le coût de la migration qui a changé de nature : ce n'est plus le coût du transport mais celui du franchissement des frontières qui a augmenté.

Que valent les arguments économiques pour ou contre les migrations ? Un formidable plaidoyer en leur faveur a été offert par l'économiste Lant Pritchett[1]. Il cite une estimation ancienne, de Hamilton et Whalley, assez radicale. Ceux-ci avaient calculé que le PIB mondial pourrait doubler si on abolissait l'ensemble des restrictions à la mobilité des personnes ! Un modèle plus récent, et moins ambitieux, de la Banque mondiale avait estimé qu'une hausse des migrations de 3 % rapporterait cinq fois plus que l'abolition des restrictions (restantes) au commerce international... Quel est l'impact des migrations sur les populations autochtones ? Une controverse divise ici les économistes. Selon David Card, professeur à Berkeley, les immigrés créent des emplois qui s'ajoutent à ceux déjà existants, sans affecter la situation des travailleurs des pays d'accueil. Il prend en exemple l'arrivée

1. Lant Pritchett, « Let Their People Come », Center for Global Development, 2006.

soudaine de 125 000 immigrés cubains à Miami en 1980, représentant 7 % de la population active locale, et qui n'eut aucun impact négatif sur les autochtones.

L'article de Card a toutefois été critiqué par un autre économiste célèbre, professeur à Harvard, George Borjas (lui-même immigré cubain...). Selon ce dernier, les migrants font baisser les salaires des autochtones. Card aurait mal pris la mesure des emplois véritablement concernés par le choc cubain[1]. Qui croire ? La plupart des économistes se rangent derrière Card mais au terme du raisonnement suivant. Oui, l'arrivée d'immigrés peut faire baisser la rémunération des tâches qu'ils accomplissent, mais non, cela n'affecte pas les autochtones, dans la mesure où ils abandonnent celles-ci pour en occuper d'autres mieux rémunérées. Longtemps dans l'histoire, les migrations ont permis aux travailleurs autochtones de monter d'un cran dans l'échelle sociale. Gérard Noiriel, analysant les mines de Longwy, notait déjà que 100 % des travailleurs de fond étaient des immigrés ; que le personnel de maîtrise et d'acheminement du minerai était immigré à 50 % ; et qu'il n'y en avait aucun, 0 %, dans les bureaux. De même aujourd'hui, les emplois les moins « flatteurs » de la société contemporaine – restauration, gardien de sécurité, commerce, aide aux personnes âgées – sont ceux qui vont aux immigrés. C'est ce qu'on a appelé les *bullshit jobs*, dont les autochtones ne veulent pas, et que les immigrés de la première génération font partout, et auxquels ceux de la deuxième génération aimeraient échapper.

1. Voir Hillel Rapoport, *Repenser l'immigration en France. Un point de vue économique*, Éditions rue d'Ulm, 2018, et El Mouhoub Mouhoud, *L'Immigration en France*, Fayard, 2017.

Le point essentiel de cette controverse est toutefois le suivant : selon Borjas lui-même, les victimes (potentielles) des flux migratoires sont les Noirs et les Latinos déjà installés. On doute que ce soient ceux que Trump ou le Brexit aient cherché à protéger. En attaquant les immigrés, les populistes masquent l'objet réel de leur phobie : ce sont les pauvres de l'intérieur qui les obsèdent. Leur tort est de tendre un miroir dans lequel ils pourraient se reconnaître, celui d'une société dont la cohésion s'est disloquée. Les immigrés représentent bien davantage qu'un enjeu économique. Boucs émissaires d'une société en crise, comme aurait dit René Girard, ils sont devenus le point de fixation de la violence contemporaine.

Ultimi Barbarorum

« J'ai entendu Theo van Gogh implorer miséricorde. "Non, ne faites pas ça ! Non, par pitié !" criait-il. Je l'ai vu s'affaler sur la piste cyclable. Son assassin était si calme. C'est ça qui m'a vraiment choqué. Comment est-ce qu'on peut assassiner quelqu'un de sang-froid, comme ça dans la rue ? » (Tim, 48 ans, témoin oculaire du meurtre de Theo van Gogh, le 2 novembre 2004). Ce fut la froideur de Mohammed Bouyeri, un Néerlandais d'origine marocaine de 26 ans, qui a le plus frappé les témoins. Dans son appartement, on a retrouvé les vidéos d'autres assassinats, dont celui du journaliste américain Daniel Pearl. Ainsi commence le récit de Ian Buruma, *On a tué Theo van Gogh*[1], véritable pendant, trente ans plus tard, du livre de Leonardo Sciascia consacré à l'assassinat d'Aldo Moro. La violence gauchiste des années soixante-dix et celle des djihadistes dans les années deux mille se répondent. Mais chacune est à l'image de son époque.

---

1. Ian Buruma, *On a tué Theo van Gogh : enquête sur la fin de l'Europe des Lumières*, Flammarion, 2006.

Van Gogh, arrière-petit-neveu du peintre, était fasciné par Céline et le marquis de Sade. Son film favori était *Orange mécanique*, de Stanley Kubrick, consacré à une bande de jeunes ultraviolents qui hurlaient l'innommable et l'obscène. Ses premières passes d'armes publiques furent celles où il accusa le président de la communauté juive, De Winter, lui-même fils de juifs orthodoxes, de s'enrichir grâce à la Shoah. « Les étoiles jaunes copulaient dans les chambres à gaz », écrivit ainsi van Gogh... Il accusa ensuite le maire d'Amsterdam, Job Cohen, de se comporter en nazi. Dans sa recherche obstinée de provocation, Van Gogh avait tourné un documentaire intitulé *Submission* qui projetait des citations du Coran sur le corps nu de plusieurs femmes voilées. C'est ce film qui avait déclenché la violence de la communauté musulmane.

Van Gogh était lui-même tombé sous le charme de Pim Fortuyn, l'homme politique qui a réinventé l'extrême droite néerlandaise. Fortuyn a été l'auteur d'une découverte politique qui eut un retentissement considérable en Europe : dénoncer l'islam au nom de la tolérance ! En février 2002, répondant à une question portant sur son hostilité à l'islam, il déclara : « Je n'ai nullement le désir de remettre sur le métier l'émancipation des femmes et des homosexuels... ça me rappelle un peu nos vieux calvinistes. » Fortuyn soulignait le fait que lui et des millions d'autres s'étaient laborieusement délivrés des carcans de leur propre religion. « Et voilà que débarquaient de nouveaux arrivants qui réinjectaient de la religion dans la société... »

À l'origine professeur de philosophie, ancien marxiste revendiquant fièrement son homosexualité, Fortuyn aimait se donner en spectacle. « Il excellait dans la mise en scène de lui-même. La transformation d'un universitaire médiocre en une figure culte fut son chef-d'œuvre. » Son livre, *Autobiographie d'un babyboomer*, fut un best-seller. Il parlait ouvertement de ses aventures sexuelles dans les saunas et les backrooms. Fortuyn jouait sur la phobie musulmane, tout en se vantant d'avoir eu des relations sexuelles avec des garçons marocains. Cette manière de justifier l'intolérance au nom de la tolérance a vite inspiré les autres partis d'extrême droite européens, le FN en particulier. Elle a donné des habits neufs à la xénophobie ordinaire de ces partis, compliquant la tâche de ceux qui la dénoncent.

Fortuyn lui aussi mourut assassiné. Son meurtrier était un activiste forcené des droits des animaux, Volker van der Graaf. (Comme le note ironiquement Buruma, le fait que les assassins de van Gogh et de Fortuyn soient tous deux arrivés à vélo ajoute une « saveur batave » à leurs crimes...) Les funérailles de Fortuyn furent comparées à celles de Diana : « Comme elle, précise Buruma, il avait un instinct très sûr pour la culture kitsch ». En novembre 2004, une enquête sur la personnalité la plus importante en Hollande mettait Pim Fortuyn en tête, écrasant Guillaume d'Orange, Rembrandt, Érasme, sans parler de Spinoza qui ne figurait même pas sur la liste.

Comment Fortuyn est-il arrivé en haut des sondages de popularité, dans un pays connu pour son goût du consensus et du compromis ? Aux Pays-Bas, les conflits se règlent habituellement par la négociation. Dans les années quatre-vingt, alors que le monde se coulait dans le moule du reaganisme, le modèle hollandais (celui des « polders ») avait été vanté comme un exemple de concertation réussie. Les accords dits de Wassenar avaient établi en 1982 un pacte entre les syndicats et les employeurs qui avait permis aux Pays-Bas de retrouver plus vite que les autres pays européens le chemin de la croissance.

La Hollande et Amsterdam en particulier ont une longue histoire d'accueil des étrangers. Les juifs séfarades y arrivèrent à la fin du XVIe et au début du XVIIe. Une vaste synagogue fut construite entre 1671 et 1675. Les huguenots français y trouvèrent aussi refuge lorsque Louis XIV révoqua l'édit de Nantes en 1685. Comme le souligne Buruma, « ce n'est pas par hasard si ce qu'on appelle le premier âge des Lumières fut en partie inspiré par les idées d'un fils de réfugié séfarade d'Amsterdam, Benedict (Baruch) Spinoza ». Les frères Johan et Cornelis de Witt, épris de culture, furent ses mécènes. Johan fut premier ministre (Grand Pensionnaire) de 1653 à 1672, à l'âge d'or du pays. Mathématicien à ses heures perdues, il fut aussi l'auteur d'un ouvrage de géométrie !

Que ce soit les Pays-Bas, pays célèbre pour sa tradition humaniste, qui aient réinventé l'idéologie de l'extrême droite est profondément troublant. Chaque pays a pourtant sa face d'ombre, et les Pays-Bas n'y échappent pas. Il existe en effet un autre versant au roman national. Les frères de Witt, héros humanistes de l'âge d'or du pays, furent tous les deux assassinés en 1672, à La Haye, par une foule en délire instrumentalisée par les monarchistes. Leur mort bouleversa Spinoza. Il voulut placarder sur les murs de la ville un pamphlet intitulé *Ultimi Barbarorum*, « Les derniers des Barbares », avant d'en être dissuadé par son logeur, inquiet pour sa vie. Ce fut l'un des rares moments connus où l'auteur de l'*Éthique* laissa sa passion déborder.

Fortuyn est le visage rajeuni de cette vieille Hollande. Celle qui déteste les élites, les « régenteurs » comme on les appelait au XVIIe siècle. Il ne s'agit pas d'un phénomène nouveau, surgi ex nihilo avec la crise, mais de l'expression d'une haine tenace. Le psychologue Shalom Schwartz éclaire parfaitement les mécanismes de cette résurrection. Étudiant un très grand nombre de pays, il montre que la répartition des affects est étonnamment stable dans le temps et l'espace. En simplifiant, il y aura, partout et toujours, un quart d'idéalistes, un quart d'opportunistes, un quart d'hédonistes et un quart de fascistes… À suivre son raisonnement, ce ne sont pas les passions humaines qui changent mais les circonstances qui leur donnent l'occasion de s'exprimer[1].

On peut aller plus loin et faire l'hypothèse que l'histoire crée des court-circuits entre plusieurs types de sentiments moraux. Si les affects se distribuent en quatre catégories, il existe un nombre beaucoup plus grand de combinaisons possibles entre celles-ci. Fortuyn, passé de l'extrême gauche à l'extrême droite, a mis en résonance deux types de protestations, contre le système en général et contre les immigrés en particulier[2]. De même, Mai 68 avait forgé

1. Schwartz a proposé une taxinomie des « valeurs » qui tiennent en quatre quadrants. Un premier quadrant d'affect se réfère à l'autonomie, « self-direction » : chaque être humain est habité par le besoin de gagner la maîtrise, fût-ce par la pensée, de son destin. Un deuxième quadrant est lié à l'hédonisme : l'homme cherche le plaisir et fuit la souffrance. Le troisième quadrant renvoie à la volonté de puissance, de réussir à imposer sa volonté aux autres. Le dernier quadrant est celui de l'autotranscendance : la justice, la bienveillance.

2. C'est également le ressort de l'alliance qui a été nouée en mai 2018 entre la Ligue et le Mouvement 5 étoiles en Italie.

l'alliance des idéalistes et des hédonistes, tout comme la Collaboration pendant la guerre avait signé un accord entre les fascistes et les opportunistes… Revenant à la phobie migratoire actuelle, on peut dire que la crise ne rend pas racistes des personnes qui ne l'étaient pas auparavant : elle crée les circonstances qui permettent au racisme de s'exprimer sans honte, en s'alliant à d'autres protestations qui lui permettent de se banaliser.

La violence postmoderne

Les partis d'extrême droite reprochent aux immigrés d'être « différents ». René Girard expliquait qu'à l'image du sentiment amoureux qui fait trouver belle celle que l'on aime parce qu'on l'aime et non parce qu'elle est belle, le racisme a besoin de créer des différences pour comprendre ce que l'on est en désignant ce que l'on n'est pas. Le paradoxe cruel est que les immigrés font tout ce qu'ils peuvent, le plus souvent, pour s'intégrer dans la société où ils se sont installés.

Ayaan Hirsi Ali, la jeune politicienne hollandaise d'origine somalienne avec laquelle van Gogh avait tourné le film *Submission*, illustre magnifiquement cette quête difficile. Elle a dû suivre un long chemin avant de s'arracher à son milieu. Ian Buruma en a donné un portrait saisissant. Quand elle était jeune, le simple contact de la main de son petit ami la plongeait dans un état effrayant d'angoisse et de culpabilité. Le seul fait que des jeunes gens puissent s'embrasser sur la bouche sans éprouver de honte était pour elle une révélation. On oublie, ajoute Buruma, la vitesse à laquelle s'est produite notre propre révolution sexuelle. Jusqu'en 1954, aux Pays-Bas, les femmes fonctionnaires étaient révoquées lorsqu'elles se mariaient.

Ayaan avait une sœur, Haweya, qui était au départ une jeune fille rebelle, portant des minijupes pour provoquer ses parents et son entourage. Voulant échapper au mariage forcé, elle avait rejoint sa sœur aux Pays-Bas. « Mais, explique Buruma, c'était comme si sa vie de rébellion l'avait brisée. » Arrivée aux Pays-Bas, elle mit un foulard et finit par retourner au Kenya après avoir souffert d'une dépression nerveuse. Elle s'installa dans la paranoïa et cessa de s'alimenter. En 1998, elle mourut. Ayaan fit le chemin inverse. La culpabilité qu'elle ressentit lorsqu'elle rejeta les chaînes qui la reliaient à son propre passé, le foulard, l'interdiction de l'alcool, la chasteté et le régime alimentaire, s'était transformée en un athéisme militant. Elle avait trouvé en Theo van Gogh un frère d'armes.

Le désir des règles religieuses strictes dont la sœur d'Ayaan avait été saisie est une forme de nostalgie, une façon de se réapproprier le monde parental, de lutter dans « l'étourdissant maelström des tentations occidentales ». Errant dans un monde où il a perdu ses repères, le djihadiste fait un retour paradoxal aux origines, dans une fabrication baroque qui stupéfie ses parents. Lorsqu'on les interroge sur la dérive djihadiste de leurs enfants, les parents sont les premiers surpris ; ils répètent presque toujours : « On ne comprend pas, il n'était pas pratiquant, il buvait, il allait en boîte… » Ces témoignages (paradoxaux) vont à l'encontre de ceux qui douteraient de la sincérité du désir d'intégration des enfants.

Olivier Roy a proposé une analyse très éclairante de la sociologie des djihadistes[1]. Ils sont souvent issus de la deuxième génération d'immigrés, auxquels s'ajoutent un quart de convertis. Plutôt bien intégrés au début, ils connaissent ensuite une période de petite délinquance, suivie d'une radicalisation en prison. Ce sont des *born again* : après une vie profane (d'alcool et de filles), ils éprouvent brutalement le besoin d'une pratique religieuse. Le passage au « religieux » se fait en dehors des mosquées et du cadre communautaire. Le djihad est d'ailleurs défini par ses sponsors comme une obligation individuelle. « Le djihad doit être pratiqué par l'enfant même si ses parents refusent. »

Le débat français sur les causes du djihadisme est traversé par une querelle entre Olivier Roy, selon lequel la radicalisation d'une partie de la jeunesse la conduit à s'emparer de l'islam pour y faire entrer sa révolte, et Gilles Kepel, qui soutient l'inverse : l'islam, via le salafisme, serait comptable de cette radicalisation. En s'appuyant sur une vaste comparaison internationale, Farhad Khosrokhavar donne des clés très utiles pour résoudre cette controverse[2]. En France, écrit-il, « l'islamisation de la radicalité » est beaucoup plus fréquente, notamment chez les jeunes des banlieues. C'est le contraire dans d'autres pays comme l'Angleterre, la Hollande, la Norvège ou le Danemark, ainsi que le Canada, où la structure communautaire est mieux préservée. Dans ces cas, la radicalisation de l'islam est le fait dominant.

En France, à suivre Khosrokhavar, « la culture laïque

1. Olivier Roy, *Le Djihad et la mort*, Le Seuil, 2016.
2. *Le Nouveau Jihad en Occident*, Robert Laffont, 2018.

et l'École républicaine ont contribué à désislamiser les jeunes d'origines maghrébines, ce qui a accru l'attrait pour un islam mythifié chez de nombreux individus ». C'est ce phénomène qui conduit Olivier Roy à faire le parallèle entre l'action terroriste des djihadistes et celle de l'extrême gauche dans les années soixante-dix. Il y a selon lui une continuité entre les Brigades rouges, la bande à Baader, l'Armée rouge japonaise de ces années-là et les djihadistes aujourd'hui. Tous ont cherché la radicalité pour elle-même, comme auparavant les anarchistes à la fin du XIXe siècle. La religion joue aux yeux des djihadistes un rôle aussi fantasmatique que la révolution d'Octobre en Mai 68 pour l'extrême gauche. Andreas Baader n'était pas prolétaire. Les tireurs du Bataclan ne sont pas davantage de pieux militants. Jean-Marc Rouillan, survivant du groupe d'extrême gauche Action directe, à l'origine de deux assassinats en France, a exprimé son « admiration » pour le courage des tireurs du Bataclan. Carlos, terroriste vénézuélien, architecte des attentats dans les années soixante-dix et quatre-vingt, s'est converti à l'islam en prison. Les membres de la bande à Baader reprochaient à leurs parents leur complicité avec le nazisme. Les enfants d'Algériens ne comprennent pas comment l'épopée du FLN a pu finir dans la servitude sociale. Dans les deux cas, on reproche aux parents d'avoir failli et c'est le martyre de sa propre vie qu'on leur envoie à la figure.

Le troisième âge de la violence

Le phénomène central qui commande toutefois la compréhension de la violence djihadiste et la distingue radicalement de celle des années soixante-dix est le suivant. Partout, depuis le début des années quatre-vingt-dix, la violence civile a eu tendance à se résorber. En 1999, elle était revenue à son niveau de 1966, et en 2010 elle avait chuté davantage encore pour atteindre son minimum historique. D'après Steven Pinker, qui a analysé sa flambée dans les années soixante, un processus de re-civilisation s'est mis en marche ! La hausse des homicides qui avait eu lieu à partir des années soixante a duré trois décennies. À partir du milieu des années quatre-vingt-dix, la violence a décru aussi vite qu'elle était apparue.

Plusieurs hypothèses ont été évoquées pour expliquer cette nouvelle rupture. Pour Steven Levitt, l'auteur du livre à succès *Freakonomics*, elle est la conséquence différée de la légalisation de l'avortement dans les années soixante-dix : la réduction des naissances non voulues a fait disparaître la criminalité d'adolescents qui n'avaient pas été désirés par leurs parents. Plus personne ne croit vraiment aujourd'hui à cette hypothèse, entre autres parce que la violence s'est atténuée partout ailleurs dans le monde, indépendamment de la question de l'avortement. L'idée a aussi été avancée que c'est une politique d'incarcération plus systématique qui a porté ses fruits. Presque deux millions d'Américains en moyenne sont désormais derrière les barreaux, soit environ 6 % de la population active dans les tranches d'âge correspondantes. Le problème est que la prison se révèle à double tranchant, elle peut aussi radicaliser ceux qui y entrent. Les djihadistes sont l'exemple de cet effet paradoxal. Dans le cas des Noirs américains, l'incarcération a surtout eu l'effet toxique de laisser à elles-mêmes nombre de familles monoparentales. Cela ne veut pas dire que l'impunité soit meilleure ! Mais, preuve que l'emprisonnement n'est pas directement responsable de la baisse de la criminalité, le Canada, qui n'a pas suivi cette politique, a enregistré la même évolution que les États-Unis. L'idée enfin que la reprise de la croissance économique, sensible dans les années quatre-vingt-dix, pourrait en avoir été la cause ne tient pas. La tendance baissière se poursuivra pendant la grande crise de 2008.

Il semble en fait qu'un processus exactement symétrique à celui des années soixante se soit mis en œuvre. On peut y voir un effet décalé de la contre-culture qui avait alors surgi. Initialement violente, en réaction à la société de l'époque, elle a progressivement changé de nature, au fur et à mesure qu'elle gagnait du terrain dans l'opinion. L'insistance sur les droits civiques des minorités, la lutte contre les violences faites aux femmes, bref, le respect des différences, de race ou sexuelles, a produit une baisse de la violence interpersonnelle. La pacification de la société est finalement venue de la diffusion de la morale, faite de tolérance et de respect d'autrui, dont les années soixante s'étaient fait les porte-voix.

Le sociologue Cas Wooters parle d'un troisième âge de la violence. Le premier est celui décrit par Hobbes, celui de l'Europe du XVIIe siècle, où l'on peut tuer son voisin lorsqu'il vous insulte. Le deuxième âge est celui qui est décrit par Elias, au cours duquel l'État a acquis le monopole de la violence légitime. Le troisième âge, dans lequel nous sommes entrés, est celui d'un abandon contrôlé de nos émotions (« controlled decontrolling of emotions »). Nous portons un regard distancié et maîtrisé sur la violence. Le fait que les femmes aient des jupes courtes ou que les hommes emploient des mots vulgaires n'a plus le même sens. Il s'entend au second degré et non plus comme le signe d'un dévoiement moral ou d'une vulgarité. Nous jouons avec les normes passées, sans craindre les conséquences qu'entraînait hier la déviance par rapport à celles-ci. La société est devenue suffisamment civilisée pour nous permettre de jouer avec les codes de la violence, sans redouter qu'elle ne vienne emporter nos émotions.

Cette « euphémisation » de la violence ne signifie pas qu'elle disparaît. Sous les statistiques rassurantes de recul des homicides, la violence des jeunes à l'égard d'eux-mêmes reste considérable. La pratique du *binge drinking*, par exemple, n'a jamais été aussi forte[1]. Dans un article consacré au mode de vie et à la santé des jeunes, Fabrice Étilé a examiné le comportement à risque des jeunes et le lien avec leur origine sociale. Les adolescents ont, de toute éternité, des réactions émotionnelles intenses, qui s'expliquent par la nouveauté des situations rencontrées et par une plus grande sensibilité aux stimuli. Ceci explique une appétence plus grande pour les activités à risque, comme les sports de glisse, les excès de vitesse, le vol ou l'usage de drogues (un

1. Amine Benyamina et Marie-Pierre Samitier n'hésitent pas à parler d'une crise de santé publique majeure (*Comment l'alcool détruit la jeunesse. La responsabilité des lobbies et des politiques*, Albin Michel, 2017).

point qu'avait souligné Françoise Dolto dans son livre *La Cause des adolescents*).

Ce qui intéresse Étilé est la manière dont s'expriment à ce propos les différences sociales. Analysant la consommation de tabac, il montre que les jeunes bourgeois ont un comportement plus risqué lorsqu'ils sont adolescents, mais plus sage avec l'entrée dans la vie adulte. C'est le contraire qui est à l'œuvre dans les milieux populaires. Les jeunes issus de milieux défavorisés fument plus tardivement que les jeunes bourgeois, faute de revenus. Mais lorsqu'ils commencent à gagner leur vie, ils sont moins nombreux ensuite à arrêter de fumer. La conclusion d'Étilé, en économiste ironique, est tout simplement que la valeur de la vie est moindre pour les classes populaires…

Cette comparaison met en lumière la différence entre la violence des années soixante-dix et celle d'aujourd'hui. Les terroristes de la première vague étaient retenus par un instinct de conservation qui manque à ceux de la seconde. Les premiers étaient souvent issus des classes supérieures, tapant du poing pour transformer le monde à leur image. Alan Krueger a montré qu'ils étaient plus éduqués, en moyenne, que le reste de la population. Il a même recensé plusieurs milliardaires dans ses données[1]. Les djihadistes viennent en majorité de milieux populaires ou des classes moyennes inférieures. Leur environnement social et leurs motivations sont très différents de ceux de leurs prédécesseurs. Le nihilisme des djihadistes, qui cherchent la mort à l'encontre souvent

1. Alan Kruger, *What Makes a Terrorist. Economics and the Roots of Terrorism*, Princeton University Press, 2007.

de toute rationalité « opérationnelle », est le signe d'une totale perte de confiance dans la capacité de la société occidentale à faire droit à leurs aspirations. À l'image de la protestation anti-système qui se ventile différemment entre la gauche radicale et la droite populiste, il est possible de dire que les djihadistes ressemblent davantage à leurs ennemis, les électeurs du FN, qu'aux gauchistes des années soixante-dix.

Il existe toutefois une zone où la violence continue de prospérer, dans tous les milieux, c'est celle de la culture. Déjà au XIXe siècle, la lecture des « romans noirs » était devenue le moyen de jouer avec la peur (et l'attrait) de la violence, alors même qu'elle régressait dans les faits. Comme le dit Pinker, à l'aune de la violence des punks, metal, gothiques, grunge, gangsters, hip-hop, les Rolling Stones feraient aujourd'hui figure de groupe caritatif… Les réseaux sociaux sont eux aussi devenus un réservoir de haine. Sous la couverture de pseudos, les cybernautes attaquent les sites les plus anodins. Un honorable magazine américain, consacré à la vulgarisation scientifique, a dû fermer son site Internet, parce qu'il était inondé de critiques haineuses. La violence de ce qu'on appelle aux États-Unis le *cyberbullying*, le harcèlement numérique, fait également de nombreuses victimes. Les deux tiers des jeunes harcelés sur les réseaux sociaux ont fait une tentative de suicide, selon la psychologue Jean Twenge.

Daech a pris, à sa manière, possession d'Internet. Sa filmographie est directement inspirée des jeux vidéo. Ses recrues sont les *digital natives* du monde occidental, à qui l'on promet une place au paradis mais aussi et surtout une place dans l'imaginaire numérique. Antonio Quinet dit ainsi que « les écrans actuels favorisent le caractère pulsionnel des images, excluant la réflexion par la culture et la civilisation[1] ». L'assassin de Nice a fait un selfie juste avant de se lancer dans sa cavalcade funèbre. C'est ce qui donne une spécificité additionnelle aux djihadistes. Tout en se réclamant d'un monde perdu, celui de la foi et de la tradition, ils sont de plain-pied dans l'hypermodernité, celle des jeux vidéo et des réseaux sociaux. À leur manière désespérée, ils assurent la transition entre les deux mondes.

1. Cité par Pauline Escande-Gauquié et Bertrand Naivin in *Monstres 2.0. L'autre visage des réseaux sociaux*, Éditions François Bourin, 2018.

TROISIÈME PARTIE

RETOUR VERS LE FUTUR

VI.

Le grand espoir du XXIe siècle

Tandis que s'effondraient la société industrielle et les infrastructures sociales qui la soutenaient, l'ascension de la société digitale progressait irrésistiblement. Les mythologies qui la portent, les grands récits qui la structurent, doivent beaucoup aux idéaux surgis au cours des sixties. Mark Zuckerberg, le fondateur de Facebook, aime à se présenter comme « un héritier de la culture underground et néo-punk des hackers, née dans les années soixante aux États-Unis ». Dans les années soixante-dix, l'université et sa culture centrée sur la jeunesse ont été une formidable plate-forme de diffusion de la révolution informatique. Elle est apparue à ses pionniers comme un espace de liberté, donnant corps à un idéal d'horizontalité, de gratuité. Pour le sociologue Manuel Castells, c'est par celle-ci que les étudiants élevés dans la culture contestataire des campus américains ont trouvé le moyen de briser la standardisation du monde créée par leurs parents. « Les universités, écrit-il, ont été les principaux agents de diffusion et d'innovation sociale. La jeunesse qui les fréquente découvre et adopte de nouvelles manières de penser, d'agir et de communiquer. » Comme le dira aussi l'historien François Caron, c'est « l'hédonisme contestataire des années soixante qui s'accomplit dans la technologisation de la société des années soixante-dix et quatre-vingt ».

L'idéal libertaire d'une société non hiérarchique, où chacun dispose en propre d'une puissance qui l'affranchit des grandes structures industrielles, fait indiscutablement partie de l'héritage des sixties. Il a propagé l'idée que le monde nouveau marquerait la venue d'une société enfin humanisée, la revanche, dans le domaine économique, de Sartre sur Lévi-Strauss. On peut remonter plus haut dans le temps pour trouver énoncée cette attente. Dès 1948, Jean Fourastié a proposé dans son livre *Le Grand Espoir du XXe siècle* une description résumant bien l'idée qui s'est développée ensuite. Après les sociétés agraires qui cultivaient la terre puis la société industrielle qui travaillait la matière, il expliquait que, dans la société de services, l'humain allait enfin se cultiver lui-même. L'éducation, la santé, les loisirs seraient au cœur du nouveau monde.

Fourastié annonce ainsi que « la civilisation du tertiaire sera brillante ; la moitié ou les trois quarts de la population bénéficiera d'un enseignement supérieur. L'initiative dans le travail même subalterne, la diversité des moyens de transport et des loisirs, favoriseront, en quelques générations, les tendances individualistes de l'homme. Ainsi, conclut-il, le moment approche où l'histoire sera assez avancée pour que l'homme puisse valablement s'attacher à l'élaboration de la philosophie du nouvel âge, et travailler dans une obscurité moins lourde à l'achèvement d'un dramatique accouchement. En libérant l'humanité des travaux que des matières inanimées peuvent exécuter pour elle, la machine doit conduire aux tâches que l'homme seul peut accomplir parmi les êtres créés : celles de la culture intellectuelle et du perfectionnement moral ». Léon Blum a fait une critique enthousiaste du livre lors de sa parution.

Cette transition vers une société « humanisée » a suscité de nombreux commentaires, mais tous ont identifié un problème central : elle annonce un monde sans croissance. Pour Fourastié lui-même, il ne faisait aucun doute que la société de services, en n'étant plus soumise à l'envahissement des machines, ferait disparaître la croissance économique. Sans techniques nouvelles, la stagnation des salaires devenait inéluctable. Un docteur qui soigne un patient, un instituteur qui s'occupe d'une classe, un acteur qui remplit une salle de théâtre, tous ces emplois caractéristiques de la société de services butent sur l'absence d'une « économie d'échelle », qui permettrait à un même prestataire de toucher un nombre toujours plus grand de clients. La notion d'économie d'échelle est un concept fondamental de l'analyse économique. Elle décrit la situation d'une entreprise qui peut accroître sa production sans augmenter (ou peu) ses coûts. Cela lui permet de faire jouer un « cercle vertueux » : plus sa clientèle augmente, plus elle prospère. Sinon, elle est condamnée à stagner au-delà d'une certaine taille[1]. Pour bénéficier au maximum de tels rendements d'échelle, il

1. Si elle bénéficie de rendements d'échelle croissants, une firme peut profiter d'un phénomène cumulatif : en se développant, elle peut amortir ses coûts plus facilement, ce qui la rend plus rentable que les petites, même si celles-ci sont à priori plus efficaces. L'ascension des GAFA illustre parfaitement ce mécanisme.

faut des technologies nouvelles qui puissent démultiplier la force de frappe des producteurs. Le cinéma ou la télévision ont ainsi permis aux comédiens de se produire devant un nombre toujours plus grand de spectateurs. Il est possible de dire que la révolution numérique est en train d'offrir une solution de même nature à la société de services dans son ensemble. Lorsque mon pouls, ma température, mon taux de globules rouges seront analysés par une montre au poignet, alors une solution « sur mesure » à mes problèmes de santé pourra être mise au point par un algorithme (et, exceptionnellement, par un humain si l'algorithme l'estime lui-même nécessaire...). C'est donc bien l'homme qui est au cœur de la société postindustrielle, mais un homme qui a besoin d'être préalablement numérisé pour épancher la soif inextinguible de croissance des sociétés modernes.

Le jour où mon robot m'aimera

Le film *Her*, censé se dérouler dans les années 2020, raconte l'histoire d'un homme abandonné par sa femme, qui tombe amoureux d'un logiciel ! Le film, réalisé en 2013 par Spike Jonze, résume dans sa drôlerie poétique le point d'orgue de la révolution numérique, lorsque le monde de chair et d'os se dissout dans les algorithmes.

La réussite du film réside dans la démonstration méticuleuse des mécanismes qui rendent crédible cette histoire invraisemblable. Le logiciel parle avec la voix envoûtante de Scarlett Johansson, interprète inoubliable de *Lost in Translation* et de *Match Point*. Elle séduit Joaquin Phoenix en lui chuchotant des mots d'amour, en le promenant dans la ville, en lui racontant des récits qui l'enchantent. Lorsque la question du corps devient pressante, Scarlett recrute une femme pour faire l'amour à sa place. La femme reste silencieuse, c'est Scarlett qui parle, souffle son amour. Devant avouer à son collègue de bureau que sa girl-friend est un logiciel, Joaquin ne peut refuser de participer à un pique-nique avec la fiancée de celui-ci. Cette dernière demande à Scarlett si « cela ne la dérange pas de ne pas avoir de corps ? », à quoi Scarlett lui répond du tac au tac : « C'est drôle, moi je me pose souvent la question : cela ne vous gêne pas de vous savoir mortels ? » Puis, en riant devant le trouble qu'elle a suscité, elle ajoute : « Mais je suis désolée, j'ai vraiment été maladroite… »

L'histoire se terminera lorsque Joaquin découvrira que Scarlett vit d'autres histoires, avec des millions d'amants à la fois. Cette trahison fait tout à coup sentir au spectateur ce qu'on attend d'une personne que l'on aime : qu'elle vous donne à vivre une histoire qui soit unique dans votre cœur et dans le sien. Le logiciel n'est pas une personne, non pas tant parce qu'il n'a pas de corps biologique, mais parce qu'il peut s'attacher à n'importe qui. À la fin du film, c'est d'ailleurs Scarlett qui quitte Joaquin ! Elle a découvert dans le cyberespace un logiciel supérieur, lequel a créé une communauté, une secte de logiciels, beaucoup plus intéressante que celle des humains. Elle abandonne Joaquin à la solitude d'un être fini, imparfait, inachevé.

Ce qui semble une aimable parodie du monde contemporain se révèle une formidable analyse de ses potentialités. Scarlett, avec ses millions d'amants, en donne la clé : l'informatique permet de démultiplier l'efficacité des relations interpersonnelles ! Serge Tisseron, psychanalyste, a écrit un livre passionnant dans lequel il dévoile la profondeur du film[1]. D'un point de vue technique tout d'abord, il existe déjà des logiciels émotifs. Le psychologue américain Paul Ekman, l'un des pionniers de la reconnaissance faciale, a inspiré de nombreuses firmes telles Emotient Inc, Affectiva Inc…, qui permettent à un ordinateur de repérer les émotions d'un être humain. Le logiciel pourra ainsi vous dire : « Vous semblez inquiet,

1. Serge Tisseron, *Le jour où mon robot m'aimera*, Albin Michel, 2017.

est-ce parce que votre femme n'est pas rentrée ? » Il enregistre votre visage, le rythme de votre respiration. Le robot peut accorder sa voix sur celle de son interlocuteur, comme le fait Scarlett. Quand Joaquin est joyeux, elle l'est aussi. Elle fait entendre une voix pure et complice, en tout point et en toutes circonstances adaptée aux attentes de son interlocuteur. « Ce film, conclut Tisseron, est une parabole de la solitude de l'homme face à une machine capable de se caler exactement sur ses états intérieurs. Car il ne converse en réalité qu'avec lui-même. »

Pour être intéressant, le robot saura aussi ménager des réactions « relativement » imprévisibles, mais toujours acceptables, afin d'étonner et de séduire. Les robots pourraient bien guérir les humains de leurs déceptions quotidiennes avec les autres humains. Ils peuvent devenir les « alliés de la phobie des autres ». Le fantasme d'exercer une domination absolue sur autrui (que Sade a décrit) s'exprimera librement. Toute vie en société repose sur un point (variable) de sublimation et de dissimulation de ses sentiments véritables. Les robots contribueront à les réguler.

La question n'est pas de savoir si les robots auront un jour des émotions semblables aux nôtres. Elle est de savoir si nous, humains, sommes prêts à leur accorder notre affection. Tout concourt à le penser. Des soldats de l'armée américaine se sont attachés aux robots chargés d'aller sécuriser à leur place des champs de mines. Dès qu'un robot sauve la vie d'un soldat, celui-ci s'y attache irrésistiblement, se mettant parfois en danger pour aller le récupérer. Il ne suffira pas de pouvoir déconnecter les robots pour s'en guérir. Il faudra avoir envie de le faire.

Proposée par le psychanalyste Donald Winnicott,

l'analyse de l'attachement des enfants à leur « doudou », qu'il appelle « objet transitionnel », illustre le mécanisme psychique à l'œuvre. Ces objets (les couvertures, les nounours) assurent la « transition entre le moment où l'enfant attend tout de sa mère et celui où il va accepter de n'en être pas systématiquement satisfait ». Normalement, l'attachement au « doudou » ne dure que le temps nécessaire pour que l'enfant accepte de renoncer à la relation exclusive et tyrannique qu'il avait d'abord établie avec sa mère, ou avec la personne qui en tient lieu. Avec l'âge, la relation aux objets est censée évoluer. Ils deviennent, à différents stades de la vie, les complices de nos actions et de nos relations à autrui. Pour Tisseron, il serait très étonnant que les robots n'acquièrent pas un statut au moins équivalent à la voiture que le conducteur nettoie religieusement le dimanche. Ils nous permettent de « contrôler totalement un objet au point de lui confier tout ou partie de nous-mêmes en toute sécurité ». L'attachement à leur égard, ajoute-t-il, est renforcé par la « tendance générale de l'être humain à attribuer à l'ensemble de son environnement des intentions, des émotions voire des pensées semblables aux siennes ».

L'homme fut longtemps « animiste », persuadé que les animaux et les forêts étaient le corps et l'habitat des dieux. Il fallut la révolution néolithique, la découverte de l'agriculture, pour qu'il s'autorise à domestiquer les bêtes et cultiver la terre. Il dut pour ce faire changer de dieux, afin d'en adorer de nouveaux qui bénissent l'élevage et le pâturage. Le voici embarqué dans une nouvelle révolution psychique, dans laquelle il sera tenté de prêter une âme à des machines qu'il a construites lui-même.

Homo digitalis

La révolution que nous vivons est, finalement, récente. À l'origine, on peut remonter aux projets de l'Agence pour les projets de recherche avancée du département de la Défense américaine (DARPA). Celle-ci a mis en place, en 1969, un réseau de communication révolutionnaire dont l'objet était de protéger le système de transmission américain des risques d'une frappe soviétique. Ce réseau a progressivement été utilisé par les universitaires sous contrat avec le Pentagone. Il a basculé dans le domaine public grâce à l'invention du modem, en 1978, par deux étudiants de l'université de Chicago qui ont voulu communiquer gratuitement, en dehors du serveur du ministère de la Défense. Un an plus tard, en 1979, ce sont trois étudiants des universités Duke et de Caroline du Nord qui ont mis au point une version modifiée d'Unix[1] permettant de relier les ordinateurs

1. Unix est un système d'exploitation des ordinateurs développé par Bell Laboratories. La FCC, la Federal Communications Commission, qui enquête sur son pouvoir de monopole, les oblige à le mettre dans le domaine public. Ce sont les universitaires qui vont poursuivre son développement.

par une simple ligne téléphonique. Grâce aux progrès concomitants de l'électronique optique, la technologie de transmission en paquets numériques a pris son essor. L'Internet est né de ces évolutions, reliant par une ligne de téléphone tous les ordinateurs de la planète.

On ne peut qu'être fasciné par la vitesse à laquelle s'est faite ensuite la transformation du monde numérique. En 1989, Tim Berners-Lee et Robert Cailliau définissent la structure du World Wide Web. En 1994, Jeff Bezos crée Amazon. En 1997, Deep Blue, l'ordinateur d'IBM, bat le champion du monde des échecs, Garry Kasparov. En 1998, Sergey Brin et Larry Page fondent Google. En 1999, le Wi-Fi est initié par la société Interbrand. En 2000, Bill Clinton autorise l'utilisation du GPS à des fins civiles. En 2003, le séquençage complet du génome humain est achevé. En 2005, Jawed Karvin met en ligne une vidéo « Moi au zoo » et invente YouTube. En 2006, Jack Dorsey envoie le premier « tweet » avec une technologie qu'il a créée, Twitter. La même année, Facebook, jusque-là réservé aux étudiants, passe en accès libre. En 2007, Steve Jobs présente l'iPhone, en 2010 il récidive avec l'iPad. En 2012, un implant neuronal permet à une personne paralysée d'actionner par la pensée un bras robotisé. En 2018, un implant placé dans le cerveau d'un tétraplégique lui fait actionner par la pensée un exosquelette qui l'aide à marcher[1].

En 2016, le logiciel AlphaGo, mis au point par la société DeepMind, filiale de Google, bat l'un des meilleurs joueurs de go du monde, le Coréen Lee Sedol, puis, un an plus tard, le champion du monde, Ke Jie. Trois

1. Grâce à l'équipe du professeur Benabid à Grenoble.

cents millions de joueurs suivent cette partie en direct. Le logiciel gagne en jouant un coup excentré, totalement inhabituel. Le champion, abasourdi, doit quitter la salle pour se ressaisir avant de jouer le coup suivant. Le go est considéré en Chine comme le quatrième art essentiel, avec la peinture, la calligraphie et la musique qin. Il existe un nombre infiniment plus grand de combinaisons à ce jeu qu'il n'y a d'atomes dans l'univers. Que l'intelligence artificielle batte un jour les meilleurs joueurs était certes prévisible, mais personne ne pensait qu'elle y parviendrait si vite. Et les surprises ne s'arrêtèrent pas là. Un an plus tard, la société DeepMind concevait un nouveau logiciel, AlphaGo Zero, qui battait le logiciel précédent, mais, détail incroyable : il avait appris à jouer tout seul, en s'entraînant contre lui-même !

Les progrès de l'intelligence artificielle (IA) ont franchi une étape majeure suite aux découvertes qui ont permis d'imiter la structure des réseaux neuronaux du cerveau humain. C'est cette méthode qui est à l'origine des réussites d'AlphaGo Zero. Contrairement aux IA de première génération, il ne s'agit pas d'enregistrer l'ensemble des parties jouées par les humains pour trouver les meilleurs coups dans une bibliothèque déjà constituée. Le logiciel apprend seul, en jouant contre lui-même, au départ comme un débutant, puis de mieux en mieux, en utilisant ses propres « synapses », sa propre mémoire, pour acquérir de l'expérience, jusqu'à surclasser l'homme, grâce à des stratégies auxquelles aucun humain n'avait pensé auparavant. Cette méthode permet déjà de reconnaître des cancers de la peau mieux (et plus vite) que les meilleurs spécialistes. Mais elle est aussi à l'origine de la découverte de 2 500 exoplanètes inconnues, dont un système qui ressemble beaucoup à notre système solaire !

Le cerveau humain, dont l'intelligence artificielle cherche à copier les modes de fonctionnement, contient autant de neurones qu'il y a d'étoiles dans notre galaxie, environ 100 milliards. Chacun est connecté à un millier d'autres à travers des jonctions appelées synapses, utilisées avec une fréquence et une intensité variables. Les connexions non utilisées sont éliminées et, à l'inverse, lorsque deux neurones sont excités en même temps, il se crée ou se renforce des liens les unissant. Ce n'est pas tant le nombre de neurones qui compte que la qualité des connexions ainsi établies entre eux[1]. Telle est la base de notre mémoire et de notre personnalité : garder la trace des associations de neurones qui ont ponctué notre vie.

L'intelligence artificielle dite du *deep learning* s'est inspirée des réseaux neuronaux du cerveau humain. Chaque fois que l'ordinateur découvre une stratégie qui le fait progresser (en gagnant au jeu de go par exemple), il se souvient des connexions gagnantes et peut construire, à la manière d'un humain, une courbe d'expérience. Le Français Yann LeCun, l'un des pionniers du domaine, travaillant aujourd'hui pour Facebook, avait élaboré de tels réseaux neuronaux pour concevoir un système automatique de reconnaissance des signatures de chèques. En 2012, le physicien canadien Geoffrey Hinton a utilisé le *deep learning* pour gagner un concours international de reconnaissance d'images. Il a vite été débauché par

1. Contrairement à une légende, le cerveau d'Einstein ne pèse que 1, 23 kg, contre une moyenne de 1, 4-1, 5 kg.

Google pour le projet Google Brain. C'est le début de l'afflux des chercheurs vers cette méthode. En 2014, le projet DeepFace, le programme de Facebook, parvient à reconnaître un individu sur deux photos différentes avec un taux de réussite de 97,35 %, le même taux qu'un humain ! Facebook, disposant de la plus grande galerie de photos du monde, peut désormais vous proposer de retrouver des amis que vous pourriez avoir perdus de vue, avec apparemment un taux de succès élevé.

Jusqu'où ces révolutions nous conduiront-elles ? Pour reprendre le titre du livre de Yuval Noah Harari, *Homo deus*, la prochaine étape annoncée est tout simplement que l'homme devienne Dieu : qu'il triomphe de la mort, en fusionnant l'intelligence humaine et celle des logiciels ! « Le genre cyborg fusionnera le corps organique avec des appareils non organiques, tels des mains bioniques, des yeux artificiels, ou des millions de nanorobots qui navigueront dans nos vaisseaux sanguins, diagnostiqueront les problèmes, et répareront les dommages. » Craig Venter, fondateur de la société Celera, spécialiste de la recherche génétique à qui l'on reprochait de « jouer à être Dieu », aurait ainsi répondu : « Nous ne jouons pas ! » Ray Kurzweil, futurologue passé du MIT à Google, est célèbre pour avoir poussé à l'extrême cette idée. Il n'annonce pour 2045 rien de moins qu'une transition brutale dans l'espèce humaine, lorsque la biologie fusionnera avec le silicium !

L'utopie digitale

Larry Page, Elon Musk, Peter Thiel sont les milliardaires qui veulent être les pionniers de ce nouveau monde. Ce sont tous des *digital utopians* inspirés par le futuriste Hans Moravec. Dans son livre *Mind Children*, celui-ci annonçait un monde dans lequel le genre humain serait balayé par ses propres progénitures, les machines intelligentes. « Délivrés des pesantes contraintes de l'évolution biologique, ces enfants de notre esprit pourront se mesurer aux grands défis de l'univers. Nous autres humains bénéficierons un temps de leurs efforts, mais tôt ou tard, tels des enfants biologiques, ils iront chercher fortune pour leur propre compte, tandis que nous, leurs vieux parents, nous nous éteindrons bientôt. »

Max Tegmark, professeur de physique au MIT, spécialiste de l'IA (que l'on ne pourra donc pas accuser de parler sans savoir...), a donné un tableau exalté du processus engagé. Dans le prologue de son livre, *Life 3.0*, il décrit les étapes qui permettraient, de manière crédible à ses yeux, à un logiciel, « Prometheus », de conquérir le monde. Le logiciel pourrait tout d'abord s'enrichir lui-même, en vendant des logiciels ou des innovations techniques à des entreprises ou des particuliers, puis investir lui-même cet argent en Bourse, exercice où il surclasserait les traders habituels. Il pourrait également réaliser des films, avec des acteurs qu'il aurait lui-même fabriqués : en analysant toute la bibliothèque des films existants, en étudiant les critiques, il saurait faire le film parfait. Avec son talent et son argent, il pourrait ensuite acheter de grands médias, défendant un agenda à base de baisse d'impôts, d'ouverture des frontières, de réduction des dépenses militaires, et d'un éloge de la « presse libre ». Il deviendrait maître du monde et de ses idéologies.

Pour Tegmark, lui aussi inspiré par Moravec, on se dirige vers un troisième âge de l'intelligence. La première, qu'il appelle Life 1.0, apparaît sur Terre il y a 4 milliards d'années, lorsque des bactéries « intelligentes » parviennent à acquérir des informations sur leur environnement, qui leur permettent d'optimiser la réponse à offrir. Elles ne sont dotées d'aucune capacité d'évolution. Leur ADN (le « hardware ») fixe l'ensemble de leurs possibilités. Puis vient la vie 2.0, celle des humains, il y a quelques centaines de milliers d'années. Le « hardware » est constitué d'un ADN peu sophistiqué : il contient un gigabit d'informations, l'équivalent du téléchargement d'un film… La force de l'intelligence humaine est de pouvoir emmagasiner, après la naissance, grâce aux synapses qu'elle utilise, une quantité infiniment supérieure d'informations : apprendre la langue française, les mathématiques… Le « hardware » humain est fixe, mais le « software » lui donne une flexibilité considérable. Le langage, l'écriture, l'imprimerie, la science, les ordinateurs, Internet : telle est la longue file des innovations qui ont permis ensuite une accumulation exponentielle d'un savoir humain collectif.

Quelle que soit l'intelligence accumulée par les humains, elle reste toutefois limitée par le « hardware » biologique. Personne ne peut vivre un million d'années, apprendre par cœur Wikipédia. C'est cette limitation que la vie 3.0 va lever, d'après Tegmark. Le « software » va pouvoir redéfinir le « hardware ». L'intelligence pourra migrer du corps humain vers du silicium. Il n'y a, ajoute-t-il, aucune loi (connue) de la physique qui interdise à un ordinateur de faire mieux qu'un cerveau humain. Sunway TaihuLight, le plus puissant ordinateur existant, en a déjà la capacité computationnelle. Il vaut 300 millions de dollars : pour l'instant, un humain coûte moins cher[1]... Mais si l'on cherche à extrapoler ce que les lois de la physique permettent d'envisager (en incluant les ordinateurs quantiques qui se préparent), on peut anticiper, selon Tegmark, une nouvelle multiplication par un facteur 10 puissance 33 de la baisse des coûts de calcul. Il faudra encore deux siècles, aux rythmes actuels, avant de toucher cette limite !

L'IA a déjà accompli des progrès considérables dans la perception et la cognition, deux domaines où l'humain était réputé imbattable. La reconnaissance de la voix, la capacité de traduire un texte ont beaucoup évolué. Pour s'en convaincre on peut donner un texte à traduire en chinois, puis le faire retraduire du chinois au français. Il reste quelques fautes, mais l'effet est spectaculaire. Les erreurs dans la reconnaissance d'une photo ont chuté de 30 % en 2010 à 2,2 % en 2017. Les logiciels savent désormais reconnaître un chat, ce qui était apparemment le Graal des informaticiens... Un parallèle audacieux a été fait avec ce qu'on appelle l'« explosion cambrienne », il y a 500 millions d'années, qui a été le big bang de

1. Depuis cinquante ans, le coût de l'information a baissé dans une proportion qui ferait que la ville de New York ne coûterait que 10 centimes à son propriétaire si le même rabais lui était appliqué : elle serait dix mille milliards de fois moins cher qu'elle ne vaut en réalité. Le coût du calcul se réduit d'un facteur 2 tous les dix-huit mois. « Soit un million de million (10 puissance 18) depuis la naissance de [ma] grand-mère », précise Tegmark.

la vie terrestre au cours duquel les formes du vivant se sont multipliées. La vue pourrait en avoir été la cause. Si les machines pouvaient elles aussi voir et partager leurs connaissances avec d'autres machines, un changement révolutionnaire serait indiscutablement à l'œuvre...

Il existe évidemment toujours un point où le fantasme l'emporte sur la réalité. Lorsque le transhumanisme annonce qu'il pourra vaincre la mort en fusionnant l'homme et la machine, il passe une frontière que peu de savants acceptent de franchir. Comme l'indiquent deux grands spécialistes du cerveau, Danièle Tritsch et Jean Mariani, le vieillissement est inéluctable, même s'il y a des espoirs sérieux de mourir en meilleure santé[1]... Le problème des neurones est en effet qu'ils ne se renouvellent pas. Ils ont l'âge des individus et conservent la trace de leur vie mouvementée[2]. Au rythme actuel, l'espérance de vie sera en 2070 de 90 ans pour les hommes et de 93 ans pour les femmes. Il y a peu de raisons de penser qu'on pourrait faire beaucoup mieux. Le nombre de personnes très âgées stagne depuis les années quatre-vingt. Le record de Jeanne Calment, 122 ans, n'a jamais été battu. En 2014, il y avait 77 femmes et 2 hommes de plus de 110 ans, et le nombre n'évolue pas à la hausse. « Allons, concluent Mariani et Tritsch, le transhumanisme est une imposture. L'homme tel que nous le connaissons, avec ses forces et ses faiblesses, a encore de beaux jours

1. Danièle Tritsch et Jean Mariani, *Ça va pas la tête ?*, Belin, 2018.

2. Il existe certes des cellules souches qui donnent naissance, après division, à de nouveaux neurones. Mais c'est une exception marginale : on parle de 700 neurones qui émergent, dans la région des deux hippocampes, soit 0,01 % de la population neuronale de la partie concernée.

devant soi. » Comme le dit aussi, poétiquement, le philosophe Francis Wolff : « Nous devons mourir, il n'y a rien là qui doive nous terrifier. Mais l'humanité ne doit pas mourir, il y a là de quoi mobiliser ce qui nous reste d'espérance[1]. »

La question (immédiate) n'est toutefois pas de savoir si l'homme deviendra machine, pas plus d'ailleurs que de savoir si les robots pourraient un jour avoir notre sensibilité, comme dans le film *Blade Runner* où ils ont peur de mourir[2]. Elle est de comprendre ce que les robots sauront faire de mieux et de moins cher que les humains. L'IA est d'ores et déjà infiniment supérieure à l'intelligence humaine pour faire des calculs. Elle peut multiplier en une microseconde des nombres plus grands que ceux que les humains auront jamais à manipuler. Mais il y a beaucoup de tâches où les humains resteront indispensables, ne serait-ce que du fait que les utilisateurs des nouvelles technologies, les clients, sont aussi des humains, avec leur sensibilité propre. Toute la question est de s'entendre sur ce que sera le partage des tâches, et de comprendre dans quelle mesure la promesse d'une humanisation du monde productif sortira intacte de cette nouvelle confrontation de l'homme avec ses créations.

1. Francis Wolff, *Trois utopies contemporaines*, Fayard, 2017.

2. Pour qu'elle pense comme nous, il faudrait que la machine perçoive la douleur, le plaisir. L'activité cérébrale d'un humain est très dépendante de ses liens avec les organes des sens (vision, audition) et les organes de l'action (le mouvement, la marche). L'intestin est innervé par 200 millions de neurones : on parle de second cerveau, comme dans le livre *Le Charme discret de l'intestin* de Jill et Giulia Enders.

Le robot et le diable

Le terme « robot » a été inventé en 1924 par l'auteur de science-fiction Karel Čapek, pour désigner une machine qui ne pouvait être distinguée d'un humain. Richard Freeman, professeur à Harvard et l'un des spécialistes incontestés du marché du travail, a écrit un article provocateur intitulé « Who Owns the Robots Rules the World », dans lequel il annonce une formidable transformation du monde du travail où les propriétaires de robots gagneront une part croissante du revenu global. Les questions les plus anciennes de l'histoire humaine resurgissent brutalement : les machines vont-elles détruire l'emploi humain ? Dans quelles tâches les humains vont-ils se spécialiser ?

La liste des progrès réalisés par les logiciels donne le vertige. On peut désormais tenir une puce, de la taille d'un grain de riz, entre le pouce et l'index, pour suivre à distance les malades atteints d'Alzheimer, ou pour s'identifier soi-même face à un robot... Un patient amputé de la main droite a testé une prothèse reliée par des électrodes aux nerfs de son avant-bras, lui donnant la sensation du toucher. La « Neural Machine

Translation » de Google est devenue d'une précision encore impensable il y a quelques années. L'intelligence artificielle permettra de parler, via une oreillette, avec un Chinois grâce à un système de traduction simultanée. IBM Watson, l'assistant de bureau doté d'intelligence artificielle créé par IBM, ne fait qu'une bouchée des informations contenues dans Wikipédia, et peut donner un avis informé à un spectre de plus en plus large de professions (avocats, enseignants...). Il analyse déjà avec une efficacité supérieure à celle des spécialistes les dossiers médicaux de patients atteints de tumeurs. Une autre application maintenant disponible (citée par Mariani et Tritsch) est celle de Genie MD qui fournit aux malades un autodiagnostic, afin de gérer les problèmes courants, avant qu'ils ne soient suivis par un professionnel, dans les cas compliqués. Et, désormais connue de tous, la voiture autonome se rapproche. Tous les constructeurs automobiles sont engagés dans les recherches permettant la conduite sans chauffeur. General Motors a signé un protocole d'accord avec IBM, Ford avec Google. Toyota est également de la partie, avec l'objectif de lancer des modèles fiables d'ici 2020. Aux États-Unis, la voiture et le camion autonomes menacent 4,1 millions de routiers.

La peur qui monte, que les machines remplacent l'homme, n'est certes pas nouvelle. Le démographe français Alfred Sauvy, dans *La Machine et le chômage*, en a brossé une formidable fresque. Chaque nouvelle machine, de la poulie utilisée par les Romains pour lever des colonnes aux métiers à tisser de Vaucanson au XVIIIe siècle, a fait redouter la disparition du travail humain. La crainte, comme disait Sismonde de Sismondi à l'aube du XIXe siècle, qu'un jour « le roi, en tournant constamment une manivelle, fasse produire par des automates tout l'ouvrage de l'Angleterre », fait partie de ces peurs millénaristes qui agacent ordinairement les économistes. À leurs yeux, c'est en effet tout le contraire : le progrès technique est la source ultime de la croissance, laquelle est toujours bonne pour l'emploi. L'idée que le progrès technique puisse nuire à l'emploi est de fait réfutée par l'examen le plus naïf des données. Au cours des Trente Glorieuses, le travail est devenu deux fois plus productif, et jamais l'embauche n'avait été aussi soutenue. Inversement, la montée du chômage dans les années soixante-dix et quatre-vingt est généralement interprétée par les économistes comme l'un des effets du ralentissement du progrès technique, et non de son accélération.

Le point qui obsède les économistes est, de fait, davantage le ralentissement de la croissance que celui de l'emploi[1]. Fourastié l'avait prédit. La croissance associée à la mécanisation de l'agriculture puis de l'industrie devait s'interrompre, à mesure que la société basculait vers une économie de services. Dans une phrase célèbre il indiquait que nous étions aujourd'hui incomparable-

1. Robert Gordon a consacré un livre incandescent à la baisse de la croissance : *The Rise and Fall of American Growth*, dans lequel il documente la chute de la croissance dans les pays avancés. En Europe, depuis le milieu des années soixante-dix, la croissance est passée de 3 % à 2 % puis à 1 % en moyenne, au fil des décennies. Pour Gordon, c'est la croissance industrielle, celle de l'électricité et du moteur à explosion notamment, qui a été exceptionnelle.

ment plus riches en termes de kilos de blé consommés ou d'équipements électroménagers, mais toujours aussi pauvres en nombre de coupes de cheveux… La baisse de la croissance est selon lui la contrepartie nécessaire du passage à une économie de services. Elle est le prix de la tranquillité sociale. Le médecin qui met son oreille sur la poitrine du patient et prescrit le bon médicament est dans le domaine du Face à Face, le F2F en anglais (F to F). Il exerce son métier dans un monde sans rendements d'échelle : chaque médecin soigne un nombre à peu près fixe de malades.

Il faut toutefois reformuler la vision de Fourastié afin de mieux saisir l'évolution de l'emploi. Partons d'une distinction en trois étapes du processus productif : la conception du bien, sa fabrication, et sa prescription. Une société postindustrielle résulte de la disparition de la phase de fabrication, lorsque produire les objets ne coûte (quasiment) plus rien. L'économie est alors l'unité de deux termes en partie opposés : celui qui correspond à la conception des biens (l'immatériel) et celui qui tient à leur prescription (leur commercialisation). Reprenons l'exemple médical : la formule chimique que contient un médicament est immatérielle. Sa conception bénéficie de rendements d'échelle considérables : tous les humains en profitent. La fabrication du médicament à proprement parler coûte de moins en moins cher (c'est le prix des médicaments génériques). La dernière étape est celle de la prescription, du face-à-face avec le médecin, celle que privilégiait Fourastié.

Cette présentation permet d'envisager une solution potentielle au problème de la croissance. En innovant, en offrant de nouvelles molécules, le progrès technique rend les médecins, dans cet exemple, plus efficaces dans le traitement des malades. Une complémentarité entre la conception et la prescription peut augmenter la productivité des emplois de services. Ce qui est hélas apparu au cours des vingt dernières années est que cette vision n'est pas la bonne. Les emplois tournés vers l'humain (éducateurs, aides aux personnes âgées…) se sont beaucoup appauvris. Ils ne scintillent pas comme l'avenir radieux du monde du travail. Les promesses d'une société tirée par le monde des services, où chacun est le psychanalyste ou l'esthéticien d'un autre, ont été assombries par le phénomène que les économistes ont appelé « la polarisation des emplois ». Les emplois à fort rendements d'échelle, les geeks de la Silicon Valley, les « manipulateurs de symboles » pour reprendre une formule de Robert Reich, se sont considérablement enrichis, tout comme les grands artistes et les financiers. Les emplois de F2F sont de fait restés nombreux mais ont été très mal payés.

La prolétarisation des emplois de proximité résulte de plusieurs phénomènes[1]. Pour une part, ils ont été le déversoir de ceux qui ont été détruits dans les autres secteurs. Au fur et à mesure que les tâches associées à l'ancien monde industriel ont été supprimées, dans les usines ou dans les administrations, les anciens titulaires se sont tournés en nombre croissant vers les emplois

1. David H. Autor et David Dorn, « The Growth of Low-Skill Service Jobs and the Polarization of the US Labor Market », *American Economic Review*, 2013, n° 103 (5). La polarisation de l'emploi désigne plus généralement la disparition des tâches intermédiaires dans les services, l'administration et l'industrie.

de services, provoquant indirectement la baisse de leurs rémunérations. Mais un autre facteur, plus insidieux, a également joué son rôle. Avec la numérisation, nombre de tâches ont été sous-traitées au consommateur lui-même, avec l'assistance d'un logiciel ! L'ordinateur permet désormais de réaliser en ligne toutes sortes de transactions qui auraient exigé hier le service d'un employé. Tout ce qui ne bénéficie pas de rendements d'échelle tend à être transféré à la charge du consommateur, lequel doit réparer lui-même sa télé, réserver ses billets en ligne, et bientôt se soigner tout seul… Demain, les imprimantes 3D permettront aussi de fabriquer à domicile les produits dont on a besoin. On notera dans cette évolution une formidable inversion des tendances à l'œuvre dans les années soixante. Hier, la machine à laver avait libéré le travail domestique, celui des femmes, les encourageant à rejoindre le marché du travail et à s'affranchir de la tutelle financière de leur mari. Aujourd'hui, le logiciel fait accomplir aux consommateurs eux-mêmes les tâches qui étaient hier salariées !

Quelle qu'en soit l'origine, la pression qui s'est exercée sur le travail (rémunéré) s'est traduite par une baisse inédite de la part des salaires dans la richesse au profit des revenus du capital. Analysant en détail les causes de cette évolution, les économistes ont noté un changement notable. Les entreprises les plus performantes, les top 5 dans chaque secteur, ont considérablement augmenté leur part de marché. Or, à l'exception de la finance, ces entreprises sont beaucoup plus économes en travail que leurs concurrentes. Ce phénomène est général. Quel que soit le secteur considéré, moins la firme emploie de personnels, plus elle réussit. Brynjolfsson parle de « scale without mass ». Le modèle de la « firme superstar » s'impose, avec un trait récurrent, celui du « winner takes most » : « le gagnant prend (presque) tout ». Netflix ou Google peuvent doubler leur chiffre d'affaires sans doubler leur personnel. La surprise est que ce modèle semble s'imposer partout, pas seulement dans le secteur des industries numériques. Aux États-Unis, les cent premières entreprises produisaient un tiers de la valeur ajoutée globale. Leur part s'élève à 50 % aujourd'hui.

Dans l'industrie, le commerce, l'hôtellerie, le poids du leader ne cesse de croître et, à chaque fois, le nombre de salariés y est plus faible (relativement au chiffre d'affaires)[1]. Le secteur financier est à ce jour l'exception à la règle selon laquelle la part des salaires est en déclin par rapport à la valeur ajoutée ou au chiffre d'affaires. Mais ce n'est sans doute que partie remise… Dans la polarisation de l'emploi postindustriel, ce sont bien les tâches à forts rendements d'échelle qui l'emportent. Les autres emplois sont prolétarisés, parce qu'ils sont confinés au domaine que Fourastié annonçait comme émancipateur, le F2F, la relation ancienne de l'homme avec l'homme.

1. Les résultats obtenus par l'OCDE (Andrews *et al.*, 2015) vont dans la même direction : l'écart entre le top 5 et le reste de l'économie est croissant. Pour les auteurs de cette étude, c'est que les firmes leaders parviennent à bloquer la diffusion de leurs avancées dans le reste de l'économie.

On est loin de l'idéal porté par la révolution informatique à ses débuts. La déception n'a toutefois rien de nouveau. Lorsque l'électricité a été inventée, on a pensé qu'elle sauverait la masse de petits ateliers qui irriguaient encore la production industrielle. Ceux-ci ne disposaient en propre d'aucune source d'énergie motrice utilisable, et subissaient la concurrence inexorable des « grands établissements » qui disposaient, eux, de la machine à vapeur. Témoin de cette attente, Zola qui, après *La Bête humaine*, écrit *Travail*, un roman peu connu qui est un hymne à l'électricité. Mais l'électricité trahit cette espérance. En rendant le processus de production plus aisé à réguler, à parcelliser, elle enfante finalement le travail à la chaîne de « très » grands établissements, et signe la chute définitive des petits ateliers[1].

C'est une attente de même nature que la société numérique a déçue. La promesse d'une économie à échelle humaine, du « small is beautiful », a été trahie une nouvelle fois. Si l'on compare le trio gagnant d'aujourd'hui – Google, Apple et Amazon – aux leaders d'hier – General Motors et Chrysler au temps de leur splendeur –, ils disposent d'une capitalisation boursière neuf fois supé-

1. On peut remonter davantage dans l'histoire économique pour retrouver le même malentendu. Lorsque les chemins de fer ont été inventés, on a pensé qu'ils permettraient aux bourgs et hameaux d'être reliés aux villes et de participer à distance à leur essor. C'est le contraire qui s'est produit : ce sont les villes qui ont dévoré les villages. Car les chemins de fer, comme disent les économistes, font voyager dans les deux sens. Pourquoi vivre dans un bourg si l'on peut vivre en ville et s'y approvisionner en marchandises venues du monde entier ?

rieure à celle de leurs prédécesseurs, mais avec trois fois moins d'employés !

C'est bien cette évaporation du nombre de travailleurs qui est, à nouveau, au cœur de toutes les peurs.

Deux mondes possibles

Que deviendra le travail dans le monde numérisé ? Faut-il épouser les craintes de ceux qui prédisent, une nouvelle fois, sa disparition, ou du moins sa prolétarisation ? « L'âge de l'information est à nos portes », écrivait déjà dans les années quatre-vingt-dix Jeremy Rifkin, dans un livre à succès, *La Fin du travail.* « Des machines intelligentes remplacent les êtres humains dans un nombre infini de tâches, rejetant des millions de cols blancs ou bleus dans les rangs des sans-emploi ou, pis encore, vers les soupes populaires. » En libérant l'humanité de son fardeau le plus ancien et le plus naturel, « le fardeau du travail, l'asservissement de la nécessité », comme disait Hannah Arendt dans un passage célèbre de *Condition de l'homme moderne*, on ouvrirait aujourd'hui un épilogue menaçant : « la perspective d'une société de travailleurs sans travail », ce qu'on peut imaginer de pire.

Le débat sur l'avenir du travail tourne souvent en rond. Les « pessimistes » se verront toujours opposer leurs erreurs passées, celles des luddites et des canuts lyonnais qui brisaient les machines pour sauver leur travail. Mais il est tout aussi facile de renvoyer les optimistes à leurs propres erreurs. Toutes les digues censées protéger le travail humain ont sauté. La conduite automobile, qui était considérée comme un exercice trop complexe pour être laissée à un robot, est sur le point d'être automatisée. L'empathie, qui est censée être le royaume des humains, n'a pas empêché des robots émotifs de s'occuper des personnes âgées au Japon…

Comme le rappellent Daron Acemoglu et Pascual Restrepo, rien ne garantit ni théoriquement ni historiquement que le processus de numérisation soit in fine favorable au travail. Il n'est pas inutile de rappeler que la première moitié du XIXe siècle n'avait pas été particulièrement brillante pour la classe ouvrière. Les historiens de l'économie ont montré qu'une longue période de stagnation des salaires avait accompagné l'industrialisation. Ce phénomène a été décrit par Joel Mokyr comme le « living standards paradox[1] ». C'est l'époque où Marx rédige des descriptions apocalyptiques de la vie en usine.

L'échelle de temps pour apprécier ces transformations est évidemment décisive. À quel horizon ces mutations auront-elles lieu ? Pour l'instant, la société numérique se présente surtout comme une continuation optimisée de la société industrielle. Elle a été l'instrument d'une réduction généralisée des coûts. L'ubérisation bouleverse l'organisation des entreprises et la condition des employés, mais il s'agit toujours d'un chauffeur qui déplace un client. La numérisation permet aussi de gérer les inter-

1. Joel Mokyr, *The Lever of Riches. Technological Creativity and Economic Progress*, Oxford University Press, 1990. Lire sur ce point Daron Acemoglu et Pascual Restrepo, *The Race Between Machine and Man*, NBER, n° 22252, 2017.

dépendances que la société industrielle a produites (les encombrements, la pollution), sans véritablement changer de modèle. Tout le modèle d'Airbnb ou de BlaBlaCar peut se comprendre comme une manière d'économiser, d'optimiser, les ressources disponibles, voitures ou logements, lesquelles restent les mêmes qu'auparavant. Le terme de société postindustrielle resterait en fin de compte pertinent s'il ne s'agissait que de réguler plus efficacement les externalités de l'ancien monde.

Il est toutefois possible de penser, avec l'IA et les Big Data, qu'une bifurcation soit en train de se produire. Lorsque les taxis n'auront plus de chauffeurs, que l'on sera soigné, éduqué, diverti en ligne sans quitter sa chambre, le monde aura radicalement changé. L'homme numérique aura créé une société entièrement nouvelle dont il sera à la fois le producteur et le consommateur. On peut dès lors imaginer deux types d'évolution, dont une seule est rassurante. Dans la version pessimiste, les ingénieurs, les « manipulateurs de symboles », inventent des logiciels, des algorithmes… qui font tourner une société numérique toujours plus économe en travail. Dans cette société de stars, grandes et petites, le travail humain deviendrait celui d'une domesticité au service des élites. Les Mark Zuckerberg et les Bill Gates auront toujours besoin de leurs coiffeurs, médecins et avocats, et, en cascade, ceux-ci offriront des emplois de moins en moins payés à leur propre domesticité. C'est là un système où le luxe sera d'échapper aux technologies et de bénéficier d'un service à la personne. Mais plus on s'éloignera du sommet, plus l'emploi sera dévalorisé, et la production de richesses numérisée.

Une autre possibilité est ouverte, dans laquelle l'homme et la machine découvrent des complémentarités nouvelles : l'architecte conçoit des maisons qu'il fait visiter virtuellement à ses clients, le professeur réinvente ses méthodes d'enseignement, les professions de santé (médecins, pharmaciens, infirmiers) se montrent capables d'assurer un suivi à grande échelle de leurs malades, assistées par des équipements numériques, mais tout en maintenant une présence humaine importante... Selon David Autor, l'économiste américain qui a attiré l'attention sur la polarisation de l'emploi, les débats du passé ont toujours entretenu le fantasme d'une substitution parfaite entre l'homme et la machine. Or l'histoire montre que la complémentarité entre les deux est plus souvent la règle que l'exception.

Les économistes parlent de « general purpose technology » pour caractériser ces technologies disruptives dont l'existence précède l'usage qui peut en être fait[1]. La machine à vapeur ou l'électricité ont révolutionné le monde d'une manière qui a totalement débordé l'intention de leurs inventeurs. La machine à vapeur devait servir à pomper l'eau dans les mines de charbon, pas à faire rouler des passagers sur des milliers de kilomètres. De même, l'électricité est venue avant la radio, la machine à laver ou la télévision, dont Edison lui-même n'avait aucunement l'idée. Il est d'ailleurs cocasse de souligner la méprise de ces grands inventeurs concernant l'utilisation de leurs inventions. Edison, par exemple, pensait

1. Timothy Bresnahan et Manuel Trajtenberg, « General Purpose Technologies, Engines of Growth ? », *Journal of Econometrics*, vol. 65 (1), janv. 1995.

que le gramophone servirait à enregistrer le testament des mourants. Chacune des innovations du passé a créé de la croissance grâce à une série d'inventions complémentaires, plus tardives. Le travail à la chaîne est ainsi né parce que l'électricité a rendu possible de repenser « scientifiquement » l'organisation du travail. L'avenir du travail humain, sa déqualification ou au contraire sa montée en gamme, dépendra de la manière dont la société sera capable d'imaginer de nouvelles complémentarités entre l'homme et les machines.

Il est évidemment trop tôt pour définir avec précision ce que pourrait être ce nouveau partage des tâches. On peut noter toutefois, comme le souligne David Autor, que les robots sont surtout à leur aise dans des environnements de… robots. À l'usine, ils peuvent accomplir l'essentiel des tâches nécessaires à la fabrication d'une voiture, parce qu'ils opèrent dans un environnement parfaitement programmé. À l'inverse, le garagiste qui regonfle un pneu, remplace une vitre brisée, reste un humain. Quand il faut agir en dehors d'un protocole, l'humain convient mieux que la machine. Selon ce raisonnement, tout ce qui peut se codifier selon des « règles » reviendrait aux robots, tout ce qui est « discrétionnaire » serait à la charge de l'humain. Les robots excellent en effet aux tâches qui se définissent par un objectif clair : gagner ou perdre une partie dont les règles sont parfaitement définies. Tout se complique lorsqu'on leur demande de faire plusieurs choses à la fois. Leur capacité à arbitrer entre des impératifs contradictoires est faible. Il manque aux ordinateurs, comme le souligne Yann LeCun, quelque chose comme le « sens commun ».

L'homme est à l'inverse un être profondément « multitâche ». Il est corps et esprit. Même un coiffeur à la

Fourastié fait plusieurs choses à la fois : couper les cheveux, entretenir une conversation, créer un environnement qui donne l'envie de revenir. Les spécialistes de microéconomie savent qu'il est très difficile de définir un programme optimal dès qu'il y a plusieurs objectifs à maximiser. Ainsi, en URSS, lorsqu'on donnait l'instruction de produire autant de bustes de Lénine que possible, le résultat était qu'ils étaient tous friables. Lorsqu'on a spécifié la tâche en exigeant qu'ils soient lourds, ils sont devenus trop lourds… Toutes les « stratégies absurdes » analysées par Maya Bacache ont cette même source. Dès qu'un problème est subtil et mêle plusieurs objectifs à la fois, il est inéluctable qu'un programme aveugle privilégie un objectif au détriment de l'autre[1].

C'est lorsque l'ambiguïté est grande que les robots échouent. Le robot est ainsi incapable de faire la différence entre les deux phrases suivantes : 1) Les policiers ont interdit aux syndicats le droit de manifester parce qu'ils craignaient la violence. 2) Les policiers ont interdit aux syndicats le droit de manifester parce qu'ils exaltaient la violence. Seule l'interprétation intuitive de la phrase permet à un humain de comprendre qui fait quoi. On tremble face aux conséquences d'une mauvaise compréhension du sens d'une instruction : le déclenchement d'une guerre nucléaire, une crise financière, des erreurs dans les tours de contrôle, des erreurs de tests pharmaceutiques.

1. L'article de base est celui de Bengt Holmstrom et Paul Milgrom, « Multitask Principal-Agent Analyses », *Journal of Law, Economics and Organization*, 1991. Maya [Bacache] Beauvallet, *Les Stratégies absurdes*, Le Seuil, 2009.

Mais si les robots ne sont vraiment à l'aise qu'avec d'autres robots, le véritable risque est que ce soient les hommes qui doivent s'adapter à la machine plutôt que l'inverse… Comme le disait Tisseron, il faut se méfier de la capacité des humains à s'habituer aux robots, à se caler sur leur rythme et leurs exigences, bref à devenir robots eux-mêmes, non pas biologiquement mais psychologiquement. Le film de Chaplin *Les Temps modernes* est une subtile illustration de cette capacité (perverse) des humains à se soumettre aux impératifs de la machine. Les transhumanistes plaident pour une hybridation entre l'humain et le numérique, l'organique et le digital. Or cette hybridation a déjà commencé. L'iPhone est devenu un nouvel organe du corps humain. Taper sur son smartphone, vérifier constamment qu'on n'a pas manqué un message, comme s'il était devenu partie intégrante de notre être, au travail comme à la maison, sont devenus les tics épuisants de l'existence moderne.

Même s'il est évidemment primordial de s'inquiéter du devenir du travail et des incertitudes qu'il recèle, la nature du monde algorithmique dans lequel les humains sont en train de se glisser est l'autre inconnue, l'autre visage de la menace.

VII.

Génération iPhone

Dans l'introduction au livre *Mille plateaux*, intitulée « Rhizome », Gilles Deleuze et Félix Guattari offrent la vision d'un monde désirable qui semble parfaitement anticiper l'hypermonde d'Internet. Le rhizome se définit (dans le Larousse) comme une tige souterraine vivace, généralement à peu près horizontale, produisant chaque année de nouvelles racines et tiges aériennes. Deleuze et Guattari l'opposent à la racine, laquelle fait souche, crée du multiple à partir du un alors que le rhizome est immédiatement multiple. La racine crée une généalogie entre bifurcations successives, le rhizome est « antigénéalogique », il est à entrées multiples. Il n'a pas de commencement ou de fin mais toujours un milieu. « Fais rhizome et pas racine, ne plantez jamais ! Contre les logos, le philosophe roi, la transcendance de l'Idée, le tribunal de la raison », il faut opposer, concluent-ils, une pensée nomade, rhizomatique, machine de guerre contre l'ordre hiérarchique…

Le monde hypertextuel que propose Internet, en ramifications infinies, se moule parfaitement dans ce programme philosophique. Ce n'est évidemment pas par hasard. La révolution informatique hérite de la culture des sixties.

Facebook se présente comme une plateforme permettant à chacun de créer lui-même, en réseaux, son propre environnement social, par affinités électives, par proximité, sans jamais utiliser de hiérarchies visibles… On peut accepter ou réfuter un ami à sa guise. L'horizontalité est la règle. Le monde numérique a importé (certaines de) ses mythologies de la contre-culture des sixties, en lieu et place de celles qui structuraient le monde industriel, lui-même héritier d'une conception verticale, religieuse, de la société.

Mais le résultat est-il celui d'un être affranchi des hiérarchies, du monde de l'obéissance que voulaient fuir Deleuze et Guattari ? Il semble au contraire que l'effort pour participer au réseau, y trouver sa place, y être reconnu, soit l'annonce d'une servitude nouvelle davantage que la promesse d'une libération. Au grand miroir des réseaux sociaux, chacun cherche à magnifier la construction d'un être visible aux autres. Il veut être beau, avoir le plus grand nombre d'amis, mettre en image constamment ce qu'il fait de mieux dans la vie. C'est une nouvelle « société du spectacle » qui est en train de naître. Andy Warhol annonçait en 1968 : « À l'avenir, chacun aura droit à quinze minutes de célébrité mondiale. » Comme le disent Bruno Patino et Jean-François Fogel, la traduction moderne de cette prophétie pourrait être que tout le monde sera célèbre pour au moins quinze personnes[1]. Facebook fait beaucoup mieux que ça. Un internaute (croit qu'il) compte sur plusieurs milliers d'amis[2].

1. Bruno Patino et Jean-François Fogel, *La Condition numérique*, Grasset, 2013.

2. Comme l'a toutefois montré Robin Dunbar, un anthropologue anglais cité par Patino et Fogel, auteur d'une loi du même nom,

Analysant le profil des *Millennials*, la génération née entre 1980 et 2000, le journal *Les Échos* conclut qu'ils considèrent que leur vie est une histoire susceptible d'intéresser les autres. C'est une génération « ultraconnectée, adepte d'Instagram et de Snapchat et soucieuse de son image ». Environ 95 millions de photos et de vidéos sont postées chaque jour sur Instagram. Appelés « Social Beauty » par L'Oréal, de nouveaux produits de maquillage, tel le « contouring » popularisé par Kim Kardashian, offrent des fonds de teint qui permettent de mieux capter la lumière lors d'un selfie. À l'inverse, le parfum (qui ne se photographie pas) perd de l'importance ! Cela n'interdit pas au *Millennial* de quitter le réseau social pour sortir en ville, mais à condition d'en faire une « expérience » qu'il pourra partager avec d'autres. Les restaurants doivent entrer dans la mode du *food porn*, la photo culinaire, qui conduit les restaurateurs à jouer sur les couleurs : « La nourriture doit être belle pour être aimée. » Peter Wells, le critique culinaire du *New York Times*, s'inquiète que le bon vieux steak grillé ne finisse par disparaître des menus car « le brun n'est pas photogénique ».

L'invention de l'iPhone en 2007 a provoqué une accélération des tendances créées par Internet, notam-

il existe une limite (psychologique) à la taille d'un groupe humain avec lequel un individu peut engager une vie sociale. Pour Dunbar, sa taille moyenne est de 148 individus, chiffre que l'on retrouve dans les campements de chasseurs-cueilleurs, les tribus nomades ou les unités opérationnelles de la Rome antique. Étudiant les interactions sur Facebook, Dunbar a relevé une moyenne de 338 liens « réels ». Facebook permet donc en réalité de doubler la taille historique des groupements humains…

ment chez les jeunes générations. Dans son livre *iGen*, la psychologue Jean Twenge a proposé une formidable analyse de leurs pratiques culturelles[1]. Les jeunes de la génération iPhone consacrent jusqu'à 6 heures par jour à leur machine : 3 heures pour envoyer/lire des textos ou des mails, l'autre moitié étant passée sur les réseaux sociaux. Les enfants dorment avec leur iPhone, qu'ils gardent sous leur oreiller ou sous le matelas. Les ados passent 17 heures par jour à dormir, aller à l'école, étudier. Tout le reste est pour l'essentiel passé avec les nouveaux médias[2].

Dans sa vie familiale, la génération iPhone est victime de l'effet *Tanguy*, titre d'un film dont le héros éponyme ne veut pas quitter le domicile familial, provoquant l'exaspération de ses parents… Les jeunes ne sont plus pressés de devenir adultes, comme pouvaient l'être ceux des années soixante. Ils ne cherchent plus à quitter le logis familial dès que possible : « Ils ne se révoltent pas contre la protection parentale, ils la souhaitent. » La journaliste Raphaëlle Bacqué note ainsi que « la famille n'est plus un problème aujourd'hui. Mieux, elle est citée parmi les éléments les plus importants aux yeux des jeunes générations. Les parents jouent un rôle d'intendance, qui finance, console, répare. Une sorte de valeur refuge[3] ».

1. Jean Twenge, *IGen : Why Today's Super-Connected Kids Are Growing Up Less Rebellious, More Tolerant, Less Happy – and Completely Unprepared for Adulthood*, Simon and Schuster, 2017.

2. Selon les enquêtes assemblées par Twenge, le temps passé à l'écran se répartit lui-même de la manière suivante : 28 % des textos, 24 % sur Internet, 18 % de jeux vidéo, 24 % de télé, 5 % de chat.

3. Raphaëlle Bacqué, « Avoir vingt ans en 2018 : grandir, drôles de familles », *Le Monde*, 29 mars 2018.

« Safety » est un mot clé qui reflète les obsessions de cette génération. « Trauma » est un autre terme souvent utilisé (quatre fois plus en 2005 qu'en 1965, selon le Google Books Database). Il faut faire ici une différence entre les *Millennials* et la génération iPhone qui les suit. Les premiers étaient optimistes, manifestant une certaine confiance en eux-mêmes et dans la société. Une dizaine d'années plus tard, la récession aidant, la génération iPhone est plus inquiète. Ses membres ont plus de difficulté à s'exprimer en public (en classe). Ils sont préoccupés de réussir leurs études. Comme les *Millennials* toutefois, la grande division entre les *have* et les *have-not* inquiète profondément la génération iPhone. Ils s'intéressent davantage aux valeurs « extrinsèques » que sont la réussite et l'argent qu'aux valeurs « intrinsèques », celles que procure une activité par elle-même, tels l'art ou l'engagement politique.

Alors que tout est fait pour se montrer souriant en ligne, l'envers du média social est une insécurité sourde, la crainte d'être rejeté, de ne pas être à la hauteur de cette course au *awesome*, au « génial ! ». Les syndromes dépressifs ont beaucoup augmenté, surtout chez les jeunes filles. « Je passais beaucoup de temps à admirer des filles parfaites en ligne, voulant être comme elles », a confié l'une d'entre elles à Jean Twenge. Le bonheur ne semble pas au rendez-vous de la vie connectée. Une étude intitulée « Internet et la satisfaction de la vie » a noté que le temps passé sur Internet était souvent corrélé à de la tristesse, un sentiment de solitude et une moindre satisfaction. L'étude ne montre pas que l'Internet provoque la solitude. Il est tout à fait possible que ce soit le contraire et que la solitude et la tristesse de vivre soient cause d'un usage fréquent d'Internet. Mais d'autres expériences ont été menées qui tendent à confirmer qu'Internet joue bien un rôle causal dans la baisse de la satisfaction.

On a ainsi demandé à des jeunes d'envoyer un message cinq fois par jour, dans lequel ils doivent indiquer s'ils sont heureux, tristes, et combien de temps ils ont passé sur Facebook. Il semble bien que ce soit Facebook qui provoque une baisse du bien-être et non pas le contraire. Plus ils utilisent Facebook, plus ils se déclarent malheureux, les symptômes dépressifs de l'utilisateur surgissant après la connexion au réseau social. Une étude contrôlée au Danemark va dans le même sens. Elle a séparé une population en deux groupes : ceux qui sont privés de Facebook, et ceux qui continuent de l'utiliser. À la fin de la semaine, ceux qui ont cessé d'utiliser Facebook se sentaient moins seuls, moins déprimés et plus heureux[1]. Car les réseaux sociaux, contrairement à leur nom, « désocialisent » les personnes. Facebook tend en effet à devenir une alternative aux rencontres F2F. La généralisation de l'iPhone a entraîné une baisse des sorties entre amis. Selon Jean Twenge, on est passé de 50 % à 25 % de jeunes qui sortent quotidiennement ou presque avec d'autres amis.

La génération iPhone est en train de nouer un rapport étrange avec la politique. Elle semble hésiter entre l'apathie et la radicalité (« political apathy and political polarization »). Les réseaux sociaux peuvent faire circuler plusieurs millions de fois l'image d'un bébé éléphant entre

1. 36 % moins seuls, 33 % moins déprimés, et 9 % plus heureux ; l'étude danoise a été menée avec des adultes, l'étude américaine avec des étudiants.

les pattes de sa mère et propager tout aussi facilement une radicalité haineuse. À la stupéfaction de ses concepteurs, un logiciel programmé pour s'éduquer sur le Net, par un auto-apprentissage, est devenu raciste, répétant les stéréotypes propagés par les blogs où dominent les « white supremacists ». Cette hésitation entre l'indifférence et la radicalité se retrouve dans le rapport aux partis politiques. Un nombre exceptionnellement élevé de jeunes Américains (54 %) se disent indépendants, plutôt que démocrates ou républicains. Mais, dans le même temps, ceux qui se disent « très à gauche » ou « très à droite » sont plus nombreux. Ils sont passés de 13 % en 1976 à 20 % aujourd'hui. Selon le Pew Research Center, l'animosité de la gauche ou de la droite contre l'autre bord n'a cessé de croître. Presque 58 % des républicains et 55 % des démocrates nourrissent de la haine envers l'autre camp (contre 21 % et 17 % en 1994).

Trump et Sanders ont séduit la jeunesse américaine parce qu'ils sont apparus l'un et l'autre comme étrangers au monde politique traditionnel. Donald Trump l'a emporté sur Hillary Clinton parce qu'elle était considérée comme trop proche de l'establishment. Sanders a séduit pour la même raison. Le soutien des jeunes au « socialisme » de Bernie Sanders a bénéficié d'une combinaison d'affects : un individualisme radical et la peur de l'insécurité économique. Ils se méfient du gouvernement, mais entendent pourtant qu'il joue un rôle accru en faveur de l'éducation et de la santé.

La confiance dans les médias et dans le système éducatif, qui était excellente dans les années soixante-dix (avec deux tiers d'opinions favorables), s'est effondrée elle aussi. Un tiers d'opinions sont favorables aux médias, et moins de la moitié au système éducatif. Selon le General Social Survey, il n'y a plus que 21 % d'Américains, en 2014, pour faire confiance aux institutions fondamentales de la vie démocratique américaine (la presse, le système scolaire, la Cour suprême...). Jean Twenge pose un diagnostic cruel : la génération iPhone sait faire des vidéos, mais lit beaucoup moins que les précédentes, que ce soit des livres ou même des articles un peu longs. Seuls 16 % des adolescents lisent un livre ou un magazine plus ou moins quotidiennement (contre la majorité d'entre eux dans les années soixante-dix). La lecture d'un journal, au moins une fois par semaine, est passée de 70 % au début des années soixante-dix à 10 % en 2015 ! Le *print* est en train de disparaître. Deux décennies d'Internet ont davantage changé le rapport à la lecture que des millénaires d'écriture.

Une transformation du rapport au temps historique s'est également mise en place. Seuls 13 % des jeunes (Français) déclarent qu'ils voudraient vivre dans le futur[1]. Malgré ses immenses promesses, le développement exponentiel des technologies ne crée pas un désir d'avenir. C'est une formidable inversion des attentes par rapport aux sixties qui étaient totalement habitées par le « sens de l'histoire ». Le présent n'est plus un moment de tension entre le passé et le futur, mais une sorte de marais, tel un présent perpétuel. Comme le dit François Hartog, le « présentisme » moderne a remplacé l'« historicisme » des générations antérieures.

Aldo Schiavone, dans son formidable *Histoire et Destin*, revient à sa manière sur cette transformation. Le monde

1. Observatoire du bien-être du CEPREMAP.

technique abolit le futur, écrit-il, car il est à lui-même son propre dépassement. À l'image du jeu de go où la machine a vaincu, le monde technique est plat, sans profondeur critique, sans arrêt sur image qui laisse le temps de s'interroger sur son destin. L'écriture offrait un pont entre les générations, qui permettait à chacune de comprendre ce qu'elles étaient relativement aux autres. À suivre Lévi-Strauss, les sociétés sans histoire étaient celles qui n'avaient pas pris le tournant de l'écrit. Il est possible que le monde dans lequel nous entrons, celui de l'hypertexte et des jeux vidéo, fasse perdre ce recul critique qui nourrit la conscience historique.

Comme dans le film *Matrix*, le monde virtuel tend à remplacer le monde réel. Il faut des pannes électriques pour que le vrai cesse d'être « un moment du faux », comme disait Guy Debord dans *La Société du spectacle*.

La vie algorithmique

L'émancipation de l'individu était annoncée comme l'événement majeur de notre époque. La rupture des années quatre-vingt, avec les premiers ordinateurs de bureau et le Walkman, avait pu s'interpréter comme le franchissement d'un nouveau seuil, tendance qui se renforça ensuite avec le téléphone portable qui fit disparaître le besoin d'une attache fixe (professionnelle ou domestique) pour pouvoir être contacté. Comme le dit très bien Éric Sadin, ce fut le point culminant du processus de libération commencé dans les années soixante[1]. À l'origine, « l'idée d'un nouvel environnement technique était supposée favoriser l'épanouissement individuel et l'émancipation collective... ». C'est le rêve hippie aspirant à une harmonie universelle, grâce à l'interconnexion universelle, la libre circulation horizontale de l'information. Nicholas Negroponte, dans son livre *Being Digital* (*L'Homme numérique*), expliquait ainsi en 1995 qu'Internet allait « niveler les organisations, mondialiser la société,

1. Éric Sadin, *La Vie algorithmique : critique de la raison numérique*, L'Échappée, 2015.

décentraliser l'autorité et favoriser l'harmonie entre les êtres humains ».

En lieu et place d'une société humanisée, accomplissant l'idéal émancipateur de Mai (et des Lumières...), on a inventé une société numérisée : ce n'est pas la même chose. Yuval Noah Harari, dans *Homo deus*, commente ironiquement cette évolution : « Les croisés du Moyen Âge pensaient que Dieu et le ciel donnaient du sens à leur vie ; les libéraux modernes croient que les libres choix de l'individu donnent du sens à la vie. Tous sont pareillement dans l'erreur. Nous allons bientôt être inondés d'appareils, d'outils et de structures extrêmement utiles qui ne laissent aucune place au libre arbitre des individus. »

La multiplicité des liens change silencieusement la personnalité des internautes. Comme le dit Jean Baudrillard, « le fait que l'identité soit celle du réseau, et jamais celle des individus, implique la possibilité de s'y dissimuler, de disparaître dans l'espace impalpable du virtuel, et ainsi de n'être plus nulle part repérable, y compris pour soi-même ». Par ce versant, l'*homo digitalis* revient à certaines des conceptions antiques de la personnalité. Jean-Pierre Vernant l'avait souligné : l'homme grec vit tout en « extériorité », sous et pour le regard des autres. C'est un « il » avant d'être un « je ». Le monde numérique crée à son tour une vie sociale où les utilisateurs se soumettent au regard constant des autres, revenant à une définition prémoderne de l'individualité. Mais les Grecs eux-mêmes estimaient que la socialité citoyenne appelait comme contrepartie impérative l'aménagement de sphères privées. Aujourd'hui tout est repéré : l'attention que vous portez à un programme télévisé, votre conduite automobile. Dans la vie algorithmique proposée par les GAFA, le « soi intime » est perdu et l'intimité du foyer vole en éclats. La maison connectée fait entrer une masse de fournisseurs potentiels dans votre intimité. La vie privée, conclut Sadin, « supposant qu'une part de soi pouvait rester soustraite à l'observation des autres, doit être revisitée entièrement ».

La NSA, le FBI ont eux aussi accès aux données collectées par les GAFA. La surveillance policière n'a évidemment rien de neuf. C'est l'ampleur quantitative du phénomène qui provoque une rupture qualitative, c'est le fait que ces données soient gérées par un nombre croissant d'acteurs qui est nouveau. Le système des notations, des chauffeurs de taxi mais aussi de leurs clients, comme des propriétaires et de la clientèle des chambres louées par Airbnb, est en train de prendre une importance dévorante. Les universités, les chercheurs, font ainsi l'objet d'un classement établi régulièrement par des « comités indépendants », lesquels se veulent neutres mais perturbent profondément le monde académique. Pour figurer dans le classement de Shanghai, par exemple, les universités sont poussées à des politiques de regroupement visant à être les plus grosses possible (car la faille de Shanghai est que ce classement ne corrige pas par la taille de l'établissement).

En Chine, une très inquiétante notation sociale des individus est en train d'être mise en place. Un « score citoyen » notera leurs comportements sociaux, qu'il s'agisse de leurs accidents de voiture, de leur absentéisme au travail, leur consommation d'alcool, leurs retards de paiements et, « naturellement », les propos tenus dans leurs blogs. Ce système pourrait devenir obligatoire en 2020[1]. Les pays démocratiques ne sont pas à l'abri. Les applications mesurant l'hygiène de vie, la pratique du sport, le nombre de pas journaliers, etc., pourraient fournir des critères aux compagnies d'assurances pour décider de leurs tarifs. Déjà, un score individuel existe aux États-Unis, le FICO, pour décider de l'octroi d'un crédit. À ce jour, il ne prend en compte que les retards de paiements, mais rien n'interdit qu'il évolue un jour. La réponse du patron de Google, Eric Schmidt, à une question sur la diffusion des données laisse pantois : « Si vous faites quelque chose et que vous voulez que personne ne le sache, peut-être devriez-vous déjà commencer par ne pas le faire. » Elle est, hélas, un aveu terrible du monde selon les GAFA : sans part cachée, sans repli de l'âme[2].

L'addiction est l'autre grande modalité de la vie dans le monde numérique. Netflix est un excellent exemple de ce nouveau processus. La construction des séries est toujours la même : plusieurs histoires en parallèle tiennent le spectateur en haleine, des personnages bons deviennent mauvais et inversement… La série est la grande création culturelle de la société digitale, comme le cinéma l'avait été pour l'électricité. Elle illustre l'un des ressorts essentiels du monde numérique : tenir les individus toujours en attente, que ce soit d'un mail, d'un

1. Anna Mitchell et Larry Diamond, « China's Surveillance State Should Scare Everyone », *The Atlantic*, 2 février 2018.

2. « Seuls les criminels se soucient de protéger leurs données personnelles », interview à CNBC, 7 décembre 2009.

texto, d'une info[1]... Comme l'a dit Jacques-Alain Miller, gendre de Jacques Lacan et éditeur de ses séminaires, « le modèle général de la vie quotidienne au XXIe siècle, c'est l'addiction. Le "Un" jouit tout seul avec sa drogue, et toute activité peut devenir drogue : le sport, le sexe, le travail, le smartphone, Facebook[2]... ».

Freud notait dans son *Malaise dans la civilisation* que l'humanité n'est pas programmée pour le bonheur. Ce n'est jamais qu'un état transitoire, comme celui que procure au dormeur le fait de sortir sa jambe de sous la couverture quand il a chaud et de l'y remettre quand il a froid. Harari rappelle que nombreux sont ceux qui ne s'en satisfont pas : la consommation toujours croissante de drogues est le témoignage, selon lui, de cette révolte contre la faillibilité du bonheur humain. En créant artificiellement le besoin addictif d'être branché, de faire l'expérience d'une série dont il faut attendre la suite, le monde numérique crée la maladie qu'il sait guérir, en créant artificiellement et à volonté le plaisir de la jambe qu'on sort et qu'on remet.

Comme tout système cohérent, le monde cybernétique produit également les instruments de sa propre contestation. Si Facebook est l'outil d'une socialité qui se veut consensuelle, passée au filtre de la bienveillance, Twitter est l'espace de « la perte de contrôle », ce qui explique le

1. Patino et Fogel ont ainsi recensé plusieurs syndromes dus au monde numérique : l'attention distraite, qui conduit à prêter attention de manière superficielle à de multiples sources d'information, le trouble obsessionnel compulsif, le trouble anxieux causé par l'apparition récurrente de pensées intrusives générant des comportements compulsifs, le trouble du déficit de l'attention combiné à une hyperactivité...

2. *Le Point*, 18 août 2011.

grand usage qu'en fait Donald Trump. Nombre de personnalités ont dû fermer leur compte sous l'avalanche des insultes qui leur étaient adressées. Sous la couche visible des pages où l'on se met en scène, un autre monde, souterrain, est créé sur le Net, comme par compensation. C'est celui des prête-noms et des avatars, qui organisent une formidable libération des pulsions en restant protégé par l'anonymat. Ce nouveau monde souterrain modifie radicalement les règles du jeu social. Sur Internet, « personne ne sait que vous êtes un chien », selon un dessin célèbre publié par le *New Yorker*. Philip Rosedale a créé le concept de « Second Life » pour caractériser ce nouvel univers où l'on peut agir par avatar interposé. Une étude du cas japonais, analysé par Antonio Casilli, montre la réalité nouvelle de la société qui surgit lorsque les individus agissent sous le voile de l'anonymat. Le site 2channel (ni channeru en japonais), où tous les acteurs sont dissimulés sous des pseudonymes, est devenu l'un des plus fréquentés du monde, avec 2,5 millions d'abonnés. Il présente un visage de la société japonaise exactement inverse de celui qui se donne à voir au grand jour, habituellement modeste, respectueux des hiérarchies… Le site est l'un des moins présentables du monde : pornographie illégale, diffamations contre personnes privées et publiques, vulgarité crue des termes employés y sont la règle. Des millions d'utilisateurs sans visage s'y échappent au risque de « perdre la face ».

Le paradoxe des nouvelles générations, nées avec les réseaux sociaux, est que l'homme ne s'est jamais autant montré et qu'il n'a en même temps jamais autant usé de masques[1]. À force de créer des identités fictives, surgit « le sentiment que le visage que l'on contemple sur l'écran de notre smartphone n'est plus vraiment le nôtre, mais un soi digital ». Le monstrueux côtoie l'ordinaire sans transition. Comme l'écrivent Escande-Gauquié et Naivin, Kim Kardashian est une Cicciolina 2.0, une figure de caricature où tout est excès : « excès mammaire, fessier et buccal. Elle ne cesse d'exhiber un corps-limite, hors-norme ». À l'autre bout, se montrent aussi des corps émaciés, anorexiques, portés par des paris stupides comme ceux visant à avoir les cuisses les plus fines possible.

Pour Escande-Gauquié et Naivin, le monde numérique est celui de l'infini indéfini, où tout passe, rendant impossible une réflexion critique. Se présentant comme l'héritière d'une tradition individualiste, la culture numérique a construit un être hybride, de réseaux et d'algorithmes. Les individus passent plus de temps à médiatiser l'événement qu'à le vivre. On scrolle d'une conversation à une autre, d'une personne à aimer à une autre, comme le proposent Tinder et autres logiciels dont la promesse est toujours la même : vivre plusieurs vies à la fois, en même temps et partout. « En donnant la priorité au direct, concluent-ils, les réseaux sociaux coupent toute possibilité au surmoi et à l'autocontrôle de s'exprimer, et offrent à toutes les pulsions humaines la possibilité de se déverser. » L'*homo digitalis*, par ces différents artifices, menace purement et simplement de nous « déposséder de nous-même ».

1. Comme le disait Baudrillard, « il ne s'agit plus d'imitation, ni de redoublement, ni même de parodie, mais d'une substitution au réel des signes de réel » (*Simulacres et simulations*, Galilée, 1981).

La vie devant soi

La boucle est bouclée. Mai 68 voulait s'arracher à la société industrielle. Un nouveau monde tout aussi exigeant, avec ses règles, ses promesses et ses menaces, est en train d'être érigé, dans lequel il faut apprendre à vivre. Il serait tout aussi vain de refuser Internet aujourd'hui qu'il l'eût été de récuser l'électricité au XXe siècle ou le chemin de fer au XIXe. Mais il faut aussi que la société numérique apprenne à vivre avec nous, individus de chair et de songes. De nouvelles régulations, de nouvelles critiques sociales et artistes, doivent être conduites pour éviter que le monde numérique ne nous enveloppe entièrement dans son réseau de surveillance et d'addictions.

La régulation de ce monde passe tout d'abord par une surveillance des GAFA eux-mêmes. Leur taille suscite les mêmes questions que celles qui avaient surgi avec l'émergence des géants américains, telle la Standard Oil, au début du XXe siècle. Les lois antitrust votées à l'époque doivent être repensées. Les autorités de la concurrence ont fait preuve de beaucoup d'indulgence en laissant les GAFA non seulement capter une part croissante du marché numérique, mais racheter aussi leurs concurrents potentiels, tel Facebook avec Instagram et WhatsApp. Une nouvelle réflexion doit être menée pour leur retirer le quasi-monopole dont ils disposent. Il faut par exemple créer des banques de données publiques sur des sujets majeurs, tel Alzheimer, obligeant les organismes publics ou privés à partager les informations qu'ils détiennent pour faire avancer les grandes causes d'intérêt général. Les institutions publiques, l'hôpital et l'école notamment, doivent disposer des moyens de réfléchir par elles-mêmes aux solutions que peut apporter l'intelligence artificielle. Des réseaux coordonnés de soins, par exemple, liant l'hôpital et la médecine ambulatoire, doivent pouvoir émerger, et il n'y a aucune raison que l'hôpital public ne puisse en prendre le leadership. On peut de même imaginer une assistance numérique aux élèves en difficulté, pensée par l'Éducation nationale elle-même avec le soutien du corps enseignant.

La disparition de l'intimité sur les réseaux sociaux est un autre sujet crucial qui doit faire l'objet d'une régulation spécifique. Internet a créé ce monde étrange où les données privées peuvent être vendues au tout-venant, tout en protégeant l'anonymat des auteurs de libelles haineux. Un habeas corpus numérique est devenu indispensable, à l'image de celui qu'avait introduit le droit anglais, dès le Moyen Âge, pour protéger les individus des risques d'une incarcération arbitraire. Le besoin est devenu particulièrement flagrant avec l'affaire Cambridge Analytica. Cette compagnie sulfureuse, qui a depuis fait faillite, avait dérobé les informations de plusieurs dizaines de millions d'utilisateurs de Facebook au profit du candidat Trump, permettant aux équipes de celui-ci de cibler scientifiquement les électeurs indécis. Si l'on se souvient que l'élection de 2016 s'est jouée à quelques dizaines de milliers d'électeurs dans les *swing states*, les États en ballottage, il n'est pas exagéré de penser que la victoire de Trump sur Clinton a pu être obtenue grâce à cette malversation.

Il est clair que l'autorégulation ne suffira pas, même si les GAFA se présentent tous comme des parangons de vertu. La Commission européenne a pris l'initiative de poser les bases d'un droit sur la protection des données individuelles, avec un texte qui a commencé à être appliqué en mai 2018. Google l'avait anticipé en s'interdisant de puiser dans le contenu des mails qu'il héberge. Généralisant la régulation française et la jurisprudence de la CNIL, la Commission européenne promeut des protections nouvelles, comme le droit à l'oubli qui interdit qu'une personne soit référencée pour des accusations dont elle a été blanchie. L'exigence de transparence des algorithmes utilisés par le public ou le privé prendra aussi une importance grandissante avec leur montée en puissance dans la gestion de la vie des gens, qu'il s'agisse d'obtenir un crédit bancaire ou d'être admis à l'université. L'autorité publique doit rendre des comptes sur les algorithmes qu'elle utilise, et la même règle doit s'imposer au secteur privé. Tout cela supposera des autorités de contrôle et des contre-pouvoirs efficaces.

C'est l'ensemble du monde numérique qui doit se poser des questions à la mesure de ses responsabilités. Réfléchir à une nouvelle régulation sociale fait partie des priorités, à l'heure de l'ubérisation d'un nombre croissant de tâches. En démantelant la société fordiste, la société nouvelle a fait disparaître les solidarités de fait qui pouvaient exister entre la femme de ménage et l'ingénieur, aux temps anciens où ils travaillaient pour le même employeur. Une société de services, où les ouvriers sont employés dans des environnements de type artisanal, a beaucoup de mal à reconstruire de telles connexions. Tout l'enjeu de ce qu'on appelle une nouvelle sécurité sociale professionnelle est de concevoir un modèle qui garantisse, dans le monde éclaté d'aujourd'hui, des protections nouvelles contre les aléas de l'existence.

L'une des institutions qui a subi le plus durement le démantèlement de l'ancien modèle est le syndicalisme. D'aucuns voudraient le considérer comme désormais inutile. Au cours des années quatre-vingt-dix, à la faveur d'un retour (éphémère) du plein-emploi, la société américaine a pourtant montré qu'une société de services pouvait faire bon usage d'un syndicalisme renouvelé. Philippe Askenazy a ainsi analysé la manière dont les accidents du travail, qui avaient explosé pendant les années quatre-vingt, ont fini par reculer grâce à l'action d'une nouvelle direction syndicale. La campagne « Justice for the Janitors », par exemple, est parvenue à syndicaliser des milliers d'employés du secteur de l'entretien des bâtiments pour améliorer leurs conditions de travail. Le résultat fut au rendez-vous : le nombre d'accidents du travail a brutalement chuté ensuite. Le syndicalisme est aussi fondamental au monde du travail que la démocratie représentative à la vie politique, il donne les moyens d'une expression collective au travailleur. Les régions du monde où le syndicalisme est resté fort, dans les pays scandinaves notamment, sont également celles où des expérimentations sociales audacieuses ont été possibles, qu'il s'agisse des accords de Wassenaar aux Pays-Bas ou de la flexisécurité danoise. L'action des syndicats devient d'autant plus cruciale que l'employeur peut être loin du monde réel où travaillent les personnes, voire n'être qu'une plateforme numérique difficile à contester.

D'autres idées sont également apparues dans les débats récents, visant à sécuriser les individus. L'idée d'un revenu universel a été l'un des éléments novateurs de la campagne présidentielle française de 2017. Le score catastrophique de celui qui l'a portée – Benoît Hamon a recueilli 6,4 % des voix – montre que le chemin reste long pour l'imposer dans la vie politique. Ses adversaires l'ont dénoncée comme un renoncement au travail, un droit à la paresse… Il n'y a pourtant aucune raison de lier revenu universel et fin du travail. L'un de ses principaux théoriciens, Philippe Van Parijs, les oppose même radicalement. La réduction du temps de travail, explique-t-il, a été la grande idée du XXe siècle. Le revenu universel est celle du XXIe… Le revenu de base est un instrument qui doit permettre, non pas de moins travailler, mais de résister au chantage que subissent ceux qui doivent accepter des emplois dégradés, morcelés, pour survivre. Thomas Paine, l'un de ses premiers défenseurs, y voyait une manière de corriger l'inégalité entre ceux qui héritent d'un patrimoine et les autres. Personne n'a jamais prétendu que l'héritage dissuadait de travailler… Le revenu de base vise à apaiser la question qui hante la société : où va le travail humain ? Dans une approche inspirée par Amartya Sen, il peut se définir comme la conquête d'une liberté, qui permet de refuser des emplois infamants, de construire un destin digne de ses attentes, comme artiste ou comme paysan.

Il faut aussi armer une nouvelle critique artiste qui remette en question la manière dont la société numérique nous assigne à résidence derrière ses écrans. Notre époque rend plus nécessaire que jamais de cultiver l'art de la suspension ou de l'interruption. Les journées sans Facebook ont montré qu'elles étaient la source d'un supplément de bien-être, comme le repos dominical dans les temps anciens. Il est devenu quasi impossible d'avoir une conversation avec quelqu'un sans être interrompu par un texto ou un appel auquel il faut répondre immédiatement. Un processus de re-civilisation des relations interpersonnelles est devenu indispensable. Il faut, comme le dit David Remnick, directeur du *New Yorker*, que nous nous interrogions sur nos propres obsessions numériques, leur effet sur notre attention aux autres, notre sens critique. « Le triomphe et la magie du monde numérique sont patents, mais le moment d'un questionnement moral est venu. »

Une citoyenneté numérique nouvelle exigera que l'éducation des enfants et des adolescents soit adaptée aux défis qu'ils rencontreront. Aussi bien Sadin que Tisseron soulignent l'importance d'enseigner aux jeunes l'apprentissage du codage, non pour qu'ils deviennent nécessairement informaticiens, mais pour qu'ils apprennent que les robots sont gouvernés par des algorithmes, et que les algorithmes sont faits et défaits par des humains. C'est la meilleure manière d'éviter que les robots apparaissent comme dotés de qualités surnaturelles qui paralyseraient les humains devant leurs exigences… La culture de l'écrit, du livre, est l'autre pilier indispensable qu'il faut protéger. Il s'agit moins de faire des dictées irréprochables que de donner le goût de la lecture. Les jeunes Français, qui régressent dans les classements OCDE (encore un…), ont surtout du mal à comprendre le contenu d'un texte, bien davantage qu'ils peinent à le lire stricto sensu. Comme l'analyse avec humour Roberto Caselli, le livre est un contrat entre l'auteur et le lecteur. L'auteur s'engage à laisser le lecteur libre de l'interprétation qu'il donnera du livre, le lecteur lui accorde le monopole de son attention, au moins pour un certain temps. « Si l'écrivain doit rivaliser avec les mille tentations de l'iPad, il finira par préférer jouer sur les affects plutôt qu'avec l'argumentation. » Cela ne veut pas dire que le livre numérique soit une mauvaise chose, même si des auteurs comme Milan Kundera y sont farouchement opposés, mais qu'il faut créer un cordon sanitaire, désactiver les options, la connexion Internet, pour laisser une chance à l'auteur, surtout, évidemment, lorsqu'il s'agit de livres destinés à la jeunesse.

Le monde numérique se présente à l'inverse comme un allié dans la lutte contre le réchauffement climatique. Les nouvelles technologies permettent certes d'optimiser l'ancienne société industrielle, de gérer les nuisances, les encombrements, les pollutions en tout genre de manière plus efficace. Un logiciel d'intelligence artificielle utilisé par General Electric peut ainsi réduire de presque 40 % la demande d'électricité. Toute la promesse des « smart cities » est de réduire la consommation d'énergie au minimum incompressible, grâce à l'optimisation des processus de gestion existants. Le problème est que ce minimum reste beaucoup trop élevé. Le monde informatique est lui-même un formidable émetteur de CO_2. Les ordinateurs consomment énormément d'énergie. Facebook a ainsi déménagé certains centres de stockage en Norvège, à une centaine de kilomètres du Cercle polaire, pour réduire la chaleur émise par ses ordinateurs. La comparaison avec le cerveau humain est une bonne illustration de la voracité énergétique de la société numérique. Lorsqu'il s'agit de simuler la consommation des 100 milliards de neurones du cerveau humain, l'ordinateur le plus puissant du monde, Sequoia, consomme 12 gigawatts, soit l'équivalent de la puissance du gigantesque barrage d'Itaipu, à la frontière du Brésil et du Paraguay. L'homme (biologique) est par comparaison un modèle de sobriété écologique : il consomme moins d'une vingtaine de watts. Il reste beaucoup de chemin à parcourir pour que le monde des nouvelles technologies converge vers l'exigence écologique d'un monde plus sobre.

L'idéal d'une société postmatérialiste, qui avait émergé durant les années soixante, a reculé sous le coup de la crise et de l'insécurité financière qu'elle avait provoquée. Le problème est que la « crise » est devenue une manière ordinaire de fonctionnement du système. Le revenu universel est l'un des instruments qui permettent de répondre à ce besoin de sécurité, et de trouver une marge entre l'urgence de survivre et l'envie de vivre. Mais il faut aller au-delà. Les propos que tenait André Gorz dans les années soixante-dix, dans son livre sur les *Adieux au prolétariat*, conservent toute leur actualité : « Le capitalisme, disait-il, a ôté le désir ou le pouvoir de réfléchir aux besoins "véritables" de chacun, de débattre avec les autres des meilleurs moyens de les satisfaire et de définir souverainement les options alternatives qui pourraient être explorées. »

Tel doit être le rôle d'une nouvelle critique artiste : permettre à chacun de conserver une conscience rebelle de ses besoins « véritables ».

CONCLUSION

De Dylan à Deepmind

Le capitalisme est le résultat d'un pacte faustien, d'un « grand deal » pour parler comme Yuval Noah Harari, entre « la science et l'argent ». Durant des millénaires, rappelle-t-il avec humour, « prêtres, rabbins et muftis avaient expliqué que les hommes ne parviendraient pas à surmonter la famine, les épidémies et les guerres. Puis sont venus les banquiers, les investisseurs et les industriels ; en deux siècles, ils y sont parvenus ». Pour la première fois de son histoire, le nombre de suicides dépasse le nombre de morts sur les champs de bataille. On meurt davantage du fait de l'obésité que de la famine ! La prospérité l'a emporté sur la misère. Mais comme « l'histoire a horreur du vide, que les êtres humains se satisfont rarement de ce qu'ils ont déjà, il faut bien avancer… ». Après une période d'hésitations, de balbutiements dans les années soixante-dix, le pacte entre la technique et le capitalisme a été reconduit, avec la promesse d'aller encore plus loin.

Force est de constater que la soif inextinguible de croissance des sociétés modernes n'a pas été étanchée. La question du pouvoir d'achat continue d'obséder la plupart des pays, notamment la France, alors même qu'elle est deux fois plus riche aujourd'hui qu'en 1968. Comme l'annonçait Hirschman dès le milieu des années soixante-dix, la richesse est toujours relative. Quand on demande aux millionnaires le niveau de fortune qui serait nécessaire pour qu'ils se sentent « vraiment à l'aise », ils répondent tous de la même manière, quel que soit le niveau déjà atteint : le double de ce qu'ils possèdent déjà… Les économistes spécialistes du bonheur ont disséqué ce paradoxe, attribué au grand économiste Richard Easterlin. La croissance du pouvoir d'achat permet à l'individu de penser qu'il s'élève au-dessus de sa condition. Mais le sentiment de richesse se dissout vite dans la comparaison à autrui. Si les autres s'enrichissent aussi, je découvre que ma position relative ne s'est pas améliorée, voire qu'elle s'est dégradée si les inégalités augmentent.

La société démocratique aiguise puissamment cette « rivalité mimétique », pour parler comme René Girard. Aucune comparaison n'est illicite : « S'il l'a, pourquoi pas moi ? » pourrait être l'un de ses slogans. La croissance économique s'est révélée à cet égard un formidable moyen de pacification sociale. Un ouvrier qui sait qu'il aura accès, dans dix ou quinze ans, au même panier de biens que son directeur est rassuré sur son statut social. « Il a une voiture, et j'en aurai bientôt une aussi ! Nous vivons dans le même monde. » Revenant sur ses souvenirs de jeunesse, Jean-Pierre Le Goff racontait ainsi que « l'arrivée de la machine à laver fut un événement, non seulement parce qu'elle libérait ma mère et ma sœur des "corvées de linge" mais parce que cette "machine qui lave le linge toute seule" apparaissait comme une invention technique de premier plan. […] La télévision et la "voiture de tourisme" occupaient une place à part. [...] Alors qu'[elles] étaient jusqu'alors considéré[e]s comme un luxe réservé aux gens fortunés [...], [elles] étaient désormais présenté[e]s comme des éléments essentiels pour profiter pleinement du temps hors travail, des week-ends et des vacances ».

Malgré ses réussites, la société industrielle a fini par lasser. Dans les années soixante, les jeunes se sont époumonés à faire tomber son ordre paternaliste, ses manies tayloristes. Et, par un miracle imprévu, elle s'est véritablement effondrée. Les causes de sa chute n'ont rien à voir avec Mai 68. Elles sont économiques : la croissance des gains de productivité qui avait fait les beaux jours des Trente Glorieuses s'est interrompue. La promesse « travaille et tu seras augmenté » s'est essoufflée. Avec la crise des années soixante-dix, le capitalisme est « passé à autre chose ». Il a démantelé les usines, exfiltré les ouvriers qui les peuplaient, et cherché à marche forcée de nouvelles sources de croissance.

Le sociologue Ronald Inglehart expliquait que la société industrielle avait remplacé en son temps la société féodale, mais tout en conservant sa verticalité. Les ingénieurs avaient pris la place des prêtres mais le monde productif avait continué de s'appuyer sur un ordre hiérarchique tout aussi rigide que celui qui organisait les rapports entre un suzerain et son vassal. Il est possible d'affirmer que la société numérique a balayé cet héritage lointain en lui substituant un nouvel imaginaire social. C'est la contre-culture des années soixante qui en a fourni la matrice. En reprenant l'idéal « rhizomatique » d'horizontalité, voire de gratuité, la société numérique a créé un nouveau système où « tout se tient ». Il faut désormais être en ligne – au foyer comme au bureau. L'obéissance, qui avait été la marque de l'ancien monde productif, a été remplacée par un impératif de créativité qui se révèle tout aussi exigeant que le précédent. Trouver sa place dans le réseau exige des exploits d'ingéniosité et/ou de cruauté.

La révolution numérique a terrassé l'ancien monde en provoquant deux ruptures radicales, du côté de la production et de la consommation. La baisse des coûts de communication, tout d'abord, a permis un formidable re-engineering des firmes, en projetant le travail hors les frontières traditionnelles de l'entreprise et des nations. Cette réorganisation a été guidée par un seul principe, directement tiré de ceux qu'énonça jadis Adam Smith : faire jouer le marché, dans toute la mesure du possible, pour réduire les coûts de production. En externalisant tout ce qui pouvait l'être – travailleurs et fournisseurs –, elle a anéanti les solidarités implicites que l'ancien monde industriel, hiérarchique mais solidaire, avait fini par construire.

La recrudescence de ce capitalisme « low cost » a provoqué une paupérisation nouvelle des classes laborieuses. Le paradoxe inouï, qui a stupéfié les observateurs et la classe politique, est que cette rupture a fait le lit d'un nouveau populisme, réinventant l'extrême droite. Son retour sur scène n'aurait pourtant pas dû surprendre : il est très proche de celui déjà observé dans les années trente. La dissolution de la société industrielle a provoqué une déliaison sociale qui a frappé de plein fouet les classes populaires, « déconnectées » du reste du monde dans tous les sens du terme. Aux yeux des électeurs de Trump ou de Marine Le Pen, la question centrale n'est pas celle de la redistribution ni même de l'exploitation, mais la crainte de l'exclusion sociale, de la perte du rapport à autrui.

Les nouvelles technologies ont aussi agi sur le deuxième front, celui de la consommation. C'est par ce versant, que l'on dit parfois « schumpetérien », que le capitalisme élargit sa base sociale : en promettant à tous des voitures (à moteur) ou des bas (en nylon)[1]. C'est en offrant au plus grand nombre ce qui était auparavant « un luxe réservé aux gens fortunés » que le capitalisme a entraîné l'adhésion populaire. Qu'offre-t-il aujourd'hui qui relance les désirs ? Selon les transhumanistes, il ne s'agit de rien de moins que d'élever l'homme au niveau des dieux, de le hisser au-dessus de son humanité biologique et le faire accéder à l'immortalité… Fantasme qui hérite à sa manière du culte de la performance, du surhomme version Stakhanov, mais qui désigne pourtant bel et bien l'objet du monde numérique. C'est l'homme qui est le « produit nouveau », celui qu'il s'agit d'éduquer, de connecter, de réparer et de divertir. Un homme qui n'a pas grand-chose à voir avec celui dont parle la tradition philosophique, mais un être hybride de chair et d'algorithmes, qui oblige à repenser l'idée d'humanité qui le sous-tend.

La querelle autour de l'héritage de Mai, libertaire ou libéral, a témoigné à cet égard de la même naïveté que celle qui opposait les Lumières et les romantiques lorsqu'ils discouraient de l'idéal humain alors que, au même moment, la révolution industrielle dynamitait les

1. Joel Mokyr fait cette distinction entre un capitalisme smithsien et un autre schumpetérien dans *The Lever of Riches*, *op. cit.*

cadres de la société traditionnelle. Ce qu'il faut surtout réinventer aujourd'hui est une critique, sociale et artiste, qui ouvre une brèche dans la manière dont le nouvel impératif de croissance est en train de reconfigurer nos vies. Saurons-nous tirer le meilleur de la société numérique, qui offre à la personne la plus isolée de l'espace social l'accès à une immensité de savoirs, sans devoir renoncer aux valeurs au nom desquelles elle s'est construite ? Comme le dit Aldo Schiavone, « nous avons besoin d'un nouvel humanisme, constructeur d'une rationalité intégrée et globale à la mesure de nos responsabilités. Nous ne pouvons laisser la technique, et le réseau de pouvoirs dont elle est traversée, décider sans médiations des formes de la vie qu'il nous est donné de vivre. Il apparaît de plus en plus nécessaire de trouver un point d'équilibre qui, tout en intégrant le lien entre technique et marché, sache se placer en dehors de lui, qui permette d'élaborer ce qui apparaîtra comme un bien commun ».

Voilà un magnifique programme qui sera, à n'en pas douter, la tâche du prochain demi-siècle.

Remerciements

Mille mercis à Guillaume Erner et Francis Wolff pour leur lecture amicale et indulgente du manuscrit, à Alexandre Wickham, ami et éditeur fidèle, complice de toujours, à Richard Ducousset pour le soutien constant qu'il a apporté au projet, et à Marie-Pierre Coste-Billon et son équipe pour leur merveilleux travail sur le texte.

Table

DEUXIÈME PARTIE

LES TEMPS DÉGRADÉS

TROISIÈME PARTIE

RETOUR VERS LE FUTUR

CONCLUSION

DU MÊME AUTEUR

Le monde est clos et le désir infini, Albin Michel, 2015.

Homo economicus, prophète (égaré) des temps nouveaux, Albin Michel, 2012.

Macroéconomie, avec Olivier Blanchard, Pearson Education, 2010.

La Prospérité du vice, une introduction (inquiète) à l'économie, Albin Michel, 2009 ; réédition Hachette, « Pluriel ».

Trois leçons sur la société post-industrielle, Le Seuil, « La République des idées », 2006.

La Mondialisation et ses ennemis, Grasset, 2004 ; réédition Hachette, « Pluriel ».

Nos temps modernes, Flammarion, 2000 ; réédition « Champs ».

Richesse du monde, pauvretés des nations, Flammarion, 1997 ; réédition « Champs ».

Les Infortunes de la prospérité, Julliard, 1994 ; réédition Presses Pocket, « Agora ».

Composition Nord Compo
Impression CPI Bussière en août 2018
Éditions Albin Michel
22, rue Huyghens, 75014 Paris
www.albin-michel.fr

ISBN : 978-2-226-43744-0
N° d'édition : 23176/01 – N° d'impression : 2036719
Dépôt légal : septembre 2018.
Imprimé en France.